国学经典 下

王 编　曹才力　颜　旭　汪华明

副主编　刘志宏　周本海　张学锋　黄　靖　黄敦明

参 编　（排名不分先后）

邓碧雪　李雪容　林　颖　王辉平　曾水莲

湖南大学出版社 · 长沙

图书在版编目（CIP）数据

国学经典（下）/曹才力，颜旭，汪华明主编．—长沙：湖南大学出版社，
2022.9

ISBN 978-7-5667-2641-4

Ⅰ.①国… Ⅱ.①曹… ②颜… ③汪… Ⅲ.①国学—师范学校—教材
Ⅳ.①Z126

中国版本图书馆 CIP 数据核字（2022）第 156708 号

国学经典（下）

GUOXUE JINGDIAN（XIA）

主　　编：曹才力　颜　旭　汪华明
策 划 人：罗红红　刘　锋
责任编辑：罗红红
印　　装：长沙鸿和印务有限公司
开　　本：787 mm×1092 mm　1/16　　印　　张：10.5　字　　数：218 千字
版　　次：2022 年 9 月第 1 版　　　　印　　次：2022 年 9 月第 1 次印刷
书　　号：ISBN 978-7-5667-2641-4
定　　价：35.50 元

出 版 人：李文邦
出版发行：湖南大学出版社
社　　址：湖南・长沙・岳麓山　　　　邮　　编：410082
电　　话：0731-88822559（营销部），88821343（编辑室），88821006（出版部）
传　　真：0731-88822264（总编室）
网　　址：http://www.hnupress.com
电子邮箱：718907009@qq.com

经典读本丛书编委会

主　任　　熊志庭

委　员　　（排名不分先后）

目次

　　"致知"概念源出于《大学》："欲诚其意者，先致其知，致知在格物。"商务印书馆2016年发行的第7版《现代汉语词典》将"格物致知"解释为："推究事物的原理法则而总结为理性知识。"简而言之，"致知"就是获取知识，通过对人类、人类社会、自然界的认识，进而提升自我，实现人类的可持续发展。而这要求我们要躬身自省、实事求是，时刻保持怀疑求真的态度，慎思谨行，积极实践，勇于探索。

第六章

致知

第一节　躬身自省，慎思明理

曾子曰："吾日三省吾身，为人谋而不忠乎？与朋友交而不信乎？传不习乎？"中国人讲究"三省吾身"。自省，既是对内心思想的纠察，也是对外界真理的探求。"寄蜉蝣于天地，渺沧海之一粟。"古人常常感慨，天地之大，人的一生和浩瀚的宇宙相比，何其短暂，何其渺小。如何才能让有涯的生命更有价值呢？那就是自省。它包含对自我、对天地、对自然的哲学思考。思，要慎思，慎思方能明理。古代先人的智慧之光、真知灼见如启明星，始终指引着中华民族的前行之路，于潜移默化中影响着一代又一代华夏儿女。

内涵概说

篆书　　　　　隶书　　　　　草书　　　　　行书　　　　　楷书

省，甲骨文 ＝ ＋（"生"的简写，即"性"，本心、欲望）＋ （目，观察），表示观察自己的本性。字形初构象眉目之形。此字分两部分，从"目"和"生"，是会意字。造字本义：静心冥想内视，观照自我本性，戒除非分之想。

白话版《说文解字》：省，内视。字形采用有所省略的"眉""屮"会意。 ，这是古文写法的"省"字，采用"少、囧"会意。

当今社会，物欲横流，利益当前，越来越多的人不再关注心灵是否充实，精神是否富足，反而愈加追求浮华奢侈的感官享受，声色犬马，醉生梦死；抑或辗转苟且于街头陌巷，为生计疲于奔命，麻木而艰难地活着。长此以往，无异于失去灵魂的行尸走肉，虽然活着，却早已死去。有人不禁要问，何以至此？皆是不再自省，不再思考的缘故。人比动物高明的地方在于，人会自我反省：今天的我和昨天的我有什么区别？有没有进步？哪些地方还可以更加完美？在反省自我的同时，面对社会的某些现象，进一步思考其中的是与非。学会透过现象看本质，拨开眼前的迷雾，直达事件核心，此谓躬身自省，慎思明理。我们都不要做被自己、被社会蒙蔽的傻子，而要勤于自省，勤于思考，即便众人皆醉，亦要做那独醒之人。

原典摘编

> 天行健，君子以自强不息；地势坤，君子以厚德载物。
>
> ——《周易》

天体运行，刚健有力，君子处世，应像天一样，自我力求进步，永不停息；大地气势厚实和顺，君子应增厚美德，容载万物。

本句出自《周易》，《周易》是中国传统思想文化中研究自然哲学与人文实践的理论根源，是古代汉民族思想、智慧的结晶，被誉为"大道之源"。《周易》内容极其丰富，对中国几千年来的政治、经济、文化等各个领域都产生了极其深刻的影响。

清华大学的校训"自强不息 厚德载物"，正是来自此处。"自强不息"要求清华学生具有奋发图强、勇往直前、争创一流的品格。如梁启超所言："君子自励犹天之运行不息，不得有一暴十寒之弊……且学者立志尤须坚忍强毅……见义勇为，不避艰险。""厚德载物"要求清华学生具有团结协作、严以律己、无私奉献的精神。如梁启超所言："君子接物，度量宽厚，犹大地之博，无所不载。君子责己甚严，责人甚轻。名高任重，气度雍容，望之俨然，即之温然。""自强不息，厚德载物"作为中国传统文化的重要内涵，体现了一种健全的人格，它集刚健和柔顺两种不同的特质于一身，标志着人格发展的一种全面性。

> 子曰："众恶之，必察焉；众好之，必察焉。"
>
> ——《论语·卫灵公》

众人都厌恶的人或事，一定要自己去观察评定是否真的令人厌恶；众人都喜欢的人或事，一定要自己去观察评定是否真的令人喜欢。

孔子主张独立思考判断，不可人云亦云。众人都讨厌的人不一定就坏，众人都喜欢的人也不一定就好。在《子路》篇里，子贡曾问孔子："一乡的人都喜欢他，怎么样？"孔子说："这难说。"子贡又问："一乡的人都厌恶他，怎么样？"孔子仍然说："这难说。不如一乡人中的好人喜欢他，坏人厌恶他。""兼听则明，偏信则暗"，这个就是很重要的做事态度。你听到这个人谈这个情况，没有充分了解就相信了，可能就偏颇了。事物的变化发展都有其原因，要探究隐藏于事物背后的因果关系，大胆怀疑、不畏权威，不偏信，不盲从，不人云亦云。如此，方能洞悉其中真相。

上善若水，水善利万物而不争。

——《老子》

做人应如水，水滋润万物，但从不与万物争高下，这样的品格才最接近道。

"上善若水"，老子以水来教化世人，用水性比喻高尚的人格。高尚的品格就像水那样，那么柔，停留在卑下的地方，滋润万物却不与之争。这才是最高的善吧。而如今，反思社会，争权夺利，趋炎附势，哪能体现善呢？又还有多少人能做到无私呢？市井之人只追求小利小惠，而真正有才能的人则着眼于久远，不计较眼前的得失。所以一味地"争"是不适宜的。

合抱之木，生于毫末；九层之台，起于累土；千里之行，始于足下。

——《老子》

合抱的粗木，是从细如毫针时长起来的；九层的高台，是一筐土一筐土筑起来的；千里的行程，是一步步迈出来的。

大的东西无不是由细小的东西积累而来，大的成就无不是从小处的努力发展而来。成功从来没有秘诀和捷径，无论做什么事情，都必须具有坚强的毅力。不管路有多难，多崎岖，只要一点点细心地、认真地去做，就一定可以走下去。从小事做起，才可能成就大事业。

祸兮福之所倚，福兮祸之所伏。

——《老子》

祸是造成福的前提，而福又含有祸的因素。

这句话比喻坏事可以引发出好的结果，好事也可以引发出坏的结果。这句话暗示人们在顺境中要谦虚谨慎，戒骄戒躁；志得意满、狂妄自大反而滋生灾祸，由福转祸；逆境中百折不挠，勤奋刻苦，可变逆境为顺境，由苦而甜。

无，名天地之始；有，名万物之母。

——《道德经》

无，是形成天地的本始；有，是创生万物的根源。

这个世界，任何物质都是从无到有的过程，事物发展规律都是从无开始发生，又是依赖有而存活。天地万物始于无，成于有。所以搞明白了无与有的关系，就会明了万事万物的存在规律、发展规律、生灭规律。

穷则独善其身，达则兼济天下。

——《孟子·尽心上·忘势》

不得志的时候就要提升自己的道德修养，得志的时候就要努力让天下人都能得到好处。

人生得意时，要尽可能多做善事，为社会贡献自己的力量，让世界更美好；人生失意时，应该保持清醒，不颓废，不放纵，要提升自我、完善自我，努力成为一个更好的人。如此，才能使人生的意义得到升华。

天行有常，不为尧存，不为桀亡。

——《荀子·天论》

社会发展有其自然、特定的规律，不会因为尧是明君就存在，也不会因为桀是暴君而消失。

这句话彻底否定了天有意志的说法，把自然界的客观规律与人类社会的发展状况区分开来。认为人们只要掌握了自然规律，就可以利用它为自身服务，而不能把人的意志强加给天，去改变自然规律。反映了荀子朴素的唯物主义自然观。

路曼曼其修远兮，吾将上下而求索。

——屈原《离骚》

在追寻真理方面，前方的道路还很漫长，但我将百折不挠、不遗余力地去追求和探索。

成功这个终极目标的前面横亘着的是一条漫漫而修远的道路。就跟唐三藏师徒经过长途跋涉方能求得真经所蕴含的哲理一样，成功永远只属于那些锲而不舍、矢志不渝、永不放弃、不达目的不罢休的人，是不会与浅尝辄止、见异思迁的人生活在同一个屋檐下。

人死血脉竭，竭而精气灭，灭而形体朽，朽而成灰土，何用为鬼？

——王充《论衡》

人之所以出生，是因为承受了精气，人死了精气就不存在了。

能够成为精气的是血脉。人死了血脉就会枯竭，血脉枯竭精气就不存在，精气不存在形体就会腐朽，形体腐朽而化成灰土，靠什么变成鬼呢？

王充认为人有生即有死。人之所以能生，是由于他有精气血脉；而人死犹如火灭，火灭为何还能有光？他对人的精神现象作出了唯物的解释，从而否定鬼的存在，破除了"善恶报应"的迷信思想。

精诚所至，金石为开。

——王充《论衡·感虚篇》

人的诚心所到，能感动天地，使金石为之开裂。

这句话出自王充的《论衡》，该书以"实"为根据，疾虚妄之言。它的目的是"冀悟迷惑之心，使知虚实之分"（《论衡·对作》），因此，它是古代一部不朽的唯物主义的哲学文献。"精诚所至，金石为开"比喻只要专心诚意去做，什么疑难问题都能解决。现在我们也常说要有恒心，要坚持到底，永不放弃，所谓"只要功夫深，铁杵磨成针"就是这个道理。

有生者必有死，有始者必有终，自然之道也。

——扬雄《法言·君子》

有生命的必然会有死亡，有开始的必然会有终结，这是自然法则。

死亡是一切生命的最终归宿。死，对于任何人来说都是回避不了的。但是，对生采取敷衍塞责态度的人，对死是恐惧的；而对生采取积极负责态度的人，对死则是顺其自然的，并且不追求死后或来世的幸福。对于将来之死，儒家认为应坦然处之，不必担心，生必有死乃自然的事情。这样一种死亡观念，已成为中国死亡观的主流。

日中则移，月满则亏，物盛则衰，天地之常数也。进退盈缩，与时变化，圣人之常道也。

——《史记·范雎蔡泽列传》

太阳升到正午时就开始落，月亮圆到满盈时就开始亏，万物都是盛极而衰，这乃是自然规律。不论是进还是退，不论是伸还是缩，都随着时间而变化，这乃是圣人所认定的常理。

人生兴衰荣辱和日月盈亏这个自然规律一样，都是处于不断的变化发展当中。"日中则移，月满则亏"说明天地间万事万物都会由盛而衰，达到极盛之后就要衰落。人只有随时势变化进退伸缩，才不失为圣人。事物发展到顶点就会衰落，顺应自然规律，适应形势变化，急流勇退，才是圣贤之道。

谁挥鞭策驱四运？万物兴歇皆自然。

——李白《日出入行》

是谁挥舞着鞭子驱赶着一年四季不停地转换？其实世间万物的兴衰荣枯的更替皆由自然。

汉代乐府中也有《日出入》篇，李白的这首拟作一反其意，认为日出日落、四时变化都是自然规律的表现，而人是不能违背和超脱自然规律的，只有委顺它、适应它，同自然融为一体，才符合天理人情。这种思想，表现出一种朴素的唯物主义光彩。

沉舟侧畔千帆过，病树前头万木春。

——刘禹锡《酬乐天扬州初逢席上见赠》

翻覆的船只旁仍有千千万万的帆船经过，枯萎树木的前面也有万千树木欣欣向荣。

以"沉舟""病树"喻困难挫折，但诗句中却没有表露出怨尤，反而表现的是一种对世事变迁和潮起潮落的豁达开朗。它提示人们：不要被一时的困难险阻和挫折所吓倒，要看到"沉舟"旁的"千帆过"，"病树"前头的"万木春"，旧的不去，新的不来，新事物必将取代旧事物，胜利总是会和勇敢者在一起。

千淘万漉虽辛苦，吹尽狂沙始到金。

——刘禹锡《浪淘沙》

淘金要千遍万遍地过滤，虽然辛苦，但只有淘尽了泥沙，才会露出闪亮的黄金。

比喻做学问要精心筛选，去其糟粕，才能取其精华。学会明辨是非是一个十分艰苦的历程，但只有这样，才会得出真知灼见。也说明只有经过千锤百炼，经过无数苦难艰辛，人们才能磨砺出坚韧的性格、高尚的情操。

不识庐山真面目，只缘身在此山中。

——苏轼《题西林壁》

为什么不能辨认庐山的真实面目呢？因为身在庐山之中。

视野为庐山的峰峦所局限，看到的只是庐山的一峰一岭一丘一壑，局部而已，这必然带有片面性。游山所见如此，观察世上事物也常如此。这两句诗有着丰富的内涵，它启迪人们认识一条哲理：由于每个人所处的地位不同，看问题的出发点不同，对客观事物的认识难免有一定的片面性；要认识事物的真相与全貌，必须超越狭小的范围，摆脱主观成见。

不畏浮云遮望眼，自缘身在最高层。

——王安石《登飞来峰》

我不怕浮云遮住我远望的视线，那是因为我站得最高。

山中的浮云能够遮住登山人的双眼，而人类社会这座高峰上又有多少"遮望眼"的"浮云"啊！在追寻真理的道路上，可能前路有无数艰难险阻，可能前方黑暗如浮云笼罩，但如果拥有正确的观点，掌握了良好的方法，认识达到了一定的高度，就能透过现象看到本质，就不会被事物的假象所迷惑。

纸上得来终觉浅，绝知此事要躬行。

——陆游《冬夜读书示子聿》

从书本上得到的知识终归是浅显的，最终要想认识事物或事理的本质，还必须自己亲身实践。

这句话特别强调了做学问的功夫要下在哪里，这是做学问的诀窍：不能满足于字面上的明白，而要躬行实践。从年轻时就开始博览群书，但还不够；要读万卷书，也要行万里路。一味刻苦钻研书本，终究不能跳出书本的局限和桎梏。唯有在实践中方能结合书本知识，体会到世间真理。这告诉我们，从书本上得到的知识终归是浅显的，要想认识事物或事理的本质，最终还必须依靠亲身的实践加深理解，只有这样，才能把书本上的知识变成自己的实际本领。

问渠那得清如许，为有源头活水来。

——朱熹《观书有感》

作者设问：这"半亩方塘"为什么这么清澈呢？并自答：因为有这源头活水不断地补充进来，才使得它这么清澈。

借水之清澈是因为有源头活水不断注入，暗喻人要心灵澄明，就得认真读书，时时补充新知。因此人们常常用此诗来比喻不断学习新知识，才能达到新境界。我们也可以从这首诗中得到启发：只有思想永远活跃，以开放宽阔的胸襟，接受种种不同的思想、鲜活的知识，广泛包容，方能才思不断，细水长流。

前赤壁赋①

壬戌②之秋，七月既望③，苏子与客泛舟游于赤壁之下。清风徐④来，水波不兴⑤。举酒属⑥客，诵明月之诗⑦，歌窈窕之章⑧。少焉⑨，月出于东山之上，徘徊于斗牛⑩之间。白露横江⑪，水光接天。纵一苇之所如，凌万顷之茫然⑫。浩浩乎如冯虚御风⑬，而不知其所止；飘飘乎如遗世⑭独立，羽化而登仙⑮。

于是饮酒乐甚，扣舷⑯而歌之。歌曰："桂棹兮兰桨⑰，击空明兮溯流光⑱。渺渺⑲兮予怀，望美人⑳兮天一方。"客有吹洞箫者，倚歌而和之㉑。其声呜呜然，如怨如慕㉒，如泣如诉；余音袅袅，不绝如缕㉔。舞幽壑之潜蛟，泣孤舟之嫠妇㉖。

苏子愀然㉗，正襟危坐㉘，而问客曰："何为其然也㉙？"客曰："'月明星稀，乌鹊南飞㉚。'此非曹孟德之诗乎？西望夏口㉛，东望武昌㉜，山川相缪㉝，郁㉞乎苍苍，此非孟德之困于周郎㉟者乎？方其破荆州，下江陵，顺流而东也㊱，舳舻千里，旌旗蔽空，酾酒㊳临江，横槊㊴赋诗，固一世之雄也，而今安在哉？况吾与子渔樵于江渚之上，侣鱼虾而友麋鹿㊵，驾一叶之扁舟㊶，举匏樽㊷以相属。寄蜉蝣于天地㊸，渺沧海之一粟㊹。哀吾生之须臾，羡长江之无穷。挟飞仙以遨游，抱明月而长终㊻。知不可乎骤㊼得，托遗响于悲风㊽。"

苏子曰："客亦知夫水与月乎？逝者如斯㊾，而未尝往也；盈虚者如彼㊿，而卒莫消长也[51]。盖将自其变者而观之，则天地曾不能以一瞬；自其不变者而观之，则物与我皆无尽也，而又何羡乎？且夫天地之间，物各有主，苟非吾之所有，虽一毫而莫取。惟江上之清风，与山间之明月，耳得之而为声，目遇之而成色，取之无禁，用之不竭，是造物者之无尽藏也[53]，而吾与子之所共适[54]。"

客喜而笑，洗盏更酌[55]。肴核既尽[56]，杯盘狼藉[57]。相与枕藉[58]乎舟中，不知东方之既白[59]。

注释

①这篇散文是宋神宗元丰五年（1082）苏轼被贬谪黄州（今湖北黄冈）时所作。因后来还写过一篇同题的赋，故称此篇为《前赤壁赋》，十月十五日写的那篇为《后赤壁赋》。赤壁：实为黄州赤鼻矶，并不是三国时期赤壁之战的旧址，当地人因音近亦称之为赤壁，苏轼知道这一点，将错就错，借景以抒发自己的怀抱。

②壬戌（rén xū）：宋神宗元丰五年，岁次壬戌。古代以干支纪年，该年为壬戌年。

③既望：望日的后一日。望：月满为望，农历每月十五日为"望日"，十六日为"既望"。

④徐：舒缓地。

⑤兴：起，作。

⑥属（zhǔ）：通"嘱"，致意，引申为劝酒。

⑦明月之诗：指《诗经·陈风·月出》，详见下注。

⑧窈窕（yǎo tiǎo）之章：《月出》诗首章为："月出皎兮，佼人僚兮，舒窈纠兮，劳心悄兮。""窈纠"同"窈窕"。

⑨少焉：一会儿。

⑩斗牛：星座名，即斗宿（南斗）、牛宿。

⑪白露：白茫茫的水汽。横江：笼罩江面。

⑫此二句意谓：任凭小船在宽广的江面上漂荡。纵：任凭。一苇：比喻极小的船。《诗经·卫风·河广》："谁谓河广，一苇杭（航）之。"如：往。凌：越过。万顷：极为宽阔的江面。

⑬冯（píng）虚御风：乘风腾空而遨游。冯虚：凭空，凌空。冯：通"凭"。虚：太空。御：驾驭。

⑭遗世：遗弃尘世。

⑮羽化：道教把成仙叫作"羽化"，认为成仙后能够飞升。登仙：登上仙境。

⑯扣舷（xián）：敲打着船边，指打节拍。

⑰桂棹（zhào）、兰桨：用兰、桂香木制成的船桨。

⑱空明：月亮倒映水中的澄明之色。溯：逆流而上。流光：在水波上闪动的月光。

⑲渺渺：悠远的样子。

⑳美人：比喻内心思慕的人或理想。

㉑倚歌：按照歌曲的声调节拍。和（hè）：同声相应，唱和。

㉒怨：哀怨。慕：眷恋。

㉓余音：尾声。袅袅（niǎo）：形容声音婉转悠长。

㉔缕：细丝。

㉕幽壑：深谷，这里指深渊。此句意谓：潜藏在深渊里的蛟龙为之起舞。

㉖嫠（lí）妇：寡妇。白居易《琵琶行》写孤居的商人妻云："去来江口守空船，绕船月明江水寒。夜深忽梦少年事，梦啼妆泪红阑干。"这里化用其事。

㉗愀（qiǎo）然：忧愁凄怆的样子。

㉘正襟危坐：整理衣襟，（严肃地）端坐着。

㉙何为其然也：箫声为什么会这么悲凉呢？

㉚所引是曹操《短歌行》中的诗句。

㉛夏口：故城在今湖北武昌。

㉜武昌：今湖北鄂州市。

㉝缪：通"缭"（liáo），盘绕。

㉞郁：茂盛的样子。

㉟孟德之困于周郎：指汉献帝建安十三年（208），吴将周瑜在赤壁之战中击溃曹操所号称的八十万大军。周郎：周瑜二十四岁为中郎将，吴中皆呼为周郎。

㊱以上三句指建安十三年刘琮率众向曹操投降，曹军不战而占领荆州、江陵。方：当。荆州：辖南阳、江夏、长沙等八郡，今湖南、湖北一带。江陵：当时的荆州首府，今湖北县名。

㊲舳舻（zhú lú）：战船前后相接，这里指战船。

㊳酾（shī）酒：滤酒，这里指斟酒。

㊴横槊（shuò）：横执长矛。

㊵侣：以……为友，这里为意动用法。麋（mí）：鹿的一种。

㊶扁（piān）舟：小舟。

㊷匏樽（páo zūn）：酒葫芦。

㊸寄：寓托。蜉蝣（fú yóu）：一种朝生暮死的昆虫。此句比喻人生之短暂。

㊹渺：小。沧海：大海。此句比喻人类在天地之间极为渺小。

㊺须臾：片刻，形容生命之短暂。

㊻长终：至于永远。

㊼骤：突然，骤然。

㊽遗响：余音，指箫声。悲风：秋风。

㊾逝者如斯：流逝的像这江水。语出《论语·子罕》：子在川上曰："逝者如斯夫，不舍昼夜。"逝：往。斯：此，指水。

㊿盈虚者如彼：指月亮的圆缺。

(51)卒：最终。消长：增减。

(52)曾：竟然。一瞬：一眨眼的工夫。

(53)是：这。造物者：天地自然。无尽藏（zàng）：无穷无尽的宝藏。

(54)适：享用。

(55)更酌：再次饮酒。

(56)肴核（yáo hé）：荤菜和果品。既：已经。

(57)狼藉：凌乱。

(58)枕藉（jiè）：相互枕着睡觉。

(59)不知东方之既白：不知不觉东方已经露出白色的光。

译文

壬戌年秋天，七月十六日，我与友人在赤壁下泛舟游玩。清风阵阵拂来，水面波澜不起。举起酒杯向同伴劝酒，吟诵《月出》中《窈窕》这一章。不一会儿，明月从东山后升起，在斗宿与牛宿之间来回移动。白茫茫的雾气横贯江面，水光连着天际。任凭小船漂流到各处，越过那茫茫的江面。前进时就好像凌空乘风而行，并不知道哪里才会停栖，感觉身轻得似要离开尘世飘飞而去，有如道家羽化成仙。

这时喝酒喝得高兴起来，敲着船边，打着节拍，应声高歌。歌中唱道："桂木、兰木做的船桨，桨划破月光下的清波啊，船在月光浮动的水面逆流而上。我心怀悠远，展望美好的理想，却在天的另一方。"有会吹洞箫的客人依着节奏为歌声伴和，洞箫"呜呜"作声，有如怨怼有如思慕，既像啜泣也像倾诉，余音在江上回荡，像细丝一样连续不断。能使深谷中的蛟龙为之起舞，能使孤舟上的寡妇为之饮泣。

我的神色也愁惨起来，整好衣襟坐端正，向客人问道："（箫声）为什么这样（哀怨）呢？"客人回答："'月明星稀，乌鹊南飞'，这不是曹公孟德的诗吗？（这里）向西可以望到夏口，向东可以望到武昌，山河接壤连绵不绝，目力所及，一片郁郁苍苍。这不正是曹孟德被周瑜所围困的地方吗？当初他攻陷荆州，夺得江陵，沿长江顺流东下，麾下的战船首尾相连延绵千里，旌旗将天空全都遮蔽住，面对大江斟酒，横执长矛吟诗，本来是当世的一位英雄人物，然而现在又在哪里呢？何况我与你在江中的小洲打鱼砍柴，以鱼虾为侣，以麋鹿为友，（在江上）驾着这一叶小舟，举起杯盏相互敬酒，如同蜉蝣置身于广阔的天地中，像沧海中的一粒粟米那样渺小。（唉，）哀叹我们的一生只是短暂的片刻，（不由得）羡慕长江的没有穷尽。（想要）同仙人携手遨游各地，与明月相拥而永存世间。知道这些终究不能实现，只得将憾恨化为箫音，托寄在悲凉的秋风中罢了。"

我问道："你可也知道这水与月？流逝的就像这水，其实并没有真正逝去；时圆时缺的就像这月，终究又何尝盈亏。可见，从事物变易的一面看来，天地间没有一瞬间不发生变化；而从事物不变的一面看来，万物与自己的生命同样无穷无尽，又有什么可羡慕的呢？何况天地之间，万物各有自己的归属，若不是自己应该拥有的，即使一分一毫也不能求取。只有江上的清风，以及山间的明月，送到耳边便听到声音，进入眼帘便绘出形色，取得这些不会被禁止，感受这些也不会有竭尽的忧虑，这是大自然（恩赐）的没有穷尽的宝藏，你我尽可以一起享用。"

客人高兴地笑了，洗净酒杯重新斟酒。菜肴果品都已吃完，杯子盘子杂乱一片。大家互相枕着靠着睡在船上，不知不觉东方已经露出白色的曙光。

解析

在赋中，客与苏子的对话，其实讲述了两种人生观点。客认为"寄蜉蝣于天地，渺沧海之一粟"，所以"哀吾生之须臾，羡长江之无穷"；而苏子的人生观则更为豁达，他以江水、明月为喻，提出"逝者如斯，而未尝往也；盈虚者如彼，而卒莫消长也"的观点。如果从事物变化的角度看，天地的存在不过是转瞬之间；如果从不变的角度看，则事物和人类都是无穷尽的，不必羡慕江水、明月和天地，自然也就不必"哀吾生之须臾"了。这表现了苏子豁达的宇宙观和人生观。他赞成从多角度看问题而不同意把问题绝对化，因此，他在逆境中也能保持豁达、超脱、乐观和随缘自适的精神状态，并能从人生无常的怅惘中解脱出来，理性地对待生活。而后，苏子又从天地间万物各有其主、个人不能强求予以进一步说明。江上的清风有声，山间的明月有色，江山无穷，风月长存，天地无私，声色娱人，作者恰恰可以徜徉其间而自得其乐。此种心境类似李白《襄阳歌》中的"清风朗月不用一钱买，玉山自倒非人推"，进而深化之。可见苏子对有限的人生抱有多么达观的态度，真正达到了天人合一的人生境界。

《前赤壁赋》中，"客"的颓废其实正是苏轼自身内心痛苦的写照。宦海沉浮，在几度遭贬后，苏轼确实有颓废消极情绪；但旷达的心胸又让他走出低迷状态，积极面对人生，从中可见苏轼"达则兼济天下，穷则独善其身"的积极的人生态度。

种树郭橐驼传

郭橐驼①，不知始何名。病偻②，隆然③伏行，有类橐驼者，故乡人号之"驼"。驼闻之曰："甚善，名我固当。"因舍其名，亦自谓"橐驼"云。其乡曰丰乐乡，在长安西。驼业种树，凡长安豪富人为观游④及卖果者，皆争迎取养，视驼所种树，或移徙，无不活，且硕茂、早实以蕃⑤。他植者虽窥伺效慕，莫能如也。

有问之，对曰："橐驼非能使木寿且孳⑥也，能顺木之天以致其性焉尔。凡植木之性：其本欲舒，其培欲平，其土欲故，其筑欲密。既然已，勿动勿虑，去不复顾。其莳⑦也若子，其置也若弃，则其天者全而其性得矣。故吾不害其长而已，非有能硕茂之也；不抑耗其实而已，非有能早而蕃之也。他植者则不然。根拳而土易⑧，其培之也，若不过焉则不及。苟有能反是者，则又爱之太殷，忧之太勤，旦视而暮抚，已去而复顾。甚者爪其肤以验其生枯，摇其本以观其疏密，而木之性日以离矣。虽曰爱之，其实害之；虽曰忧之，其实仇之：故不我若也。吾又何能为哉！"

问者曰："以子之道，移之官理⑨，可乎？"驼曰："我知种树而已，理，非吾业也。然吾居乡，见长人者⑩好烦其令，若甚怜⑪焉，而卒以祸。旦暮吏来呼曰：'官命促尔耕，勖⑫尔植，督尔获；早缫而绪⑬，早织而缕⑭；字⑮而幼孩，遂而鸡豚⑯。'鸣鼓而聚之，击木而召之。吾小人辍飧饔⑰以劳吏者，且不得暇，又何以蕃吾生而安吾性耶？故病⑱且怠。若是，则与吾业者，其亦有类乎？"

问者嘻曰："不亦善夫！吾问养树，得养人术。"传其事以为官戒也。

——选自中华书局排印影宋刻世䌽堂本《柳河东集》

注释

①橐（tuó）驼：骆驼。

②偻（lóu）：脊背弯曲，驼背。

③隆然：高高突起的样子。

④为观游：修建观赏游览的园林。

⑤蕃：繁多。

⑥孳（zī）：生长得快。

⑦莳（shì）：移栽。

⑧土易：换了新土。

⑨官理：为官治民。唐人避高宗名讳，改"治"为"理"。

⑩长（zhǎng）人者：指治理人民的官长。

⑪怜：爱。

⑫勖（xù）：勉励。

⑬缫（sāo）：煮茧抽丝。而：通"尔"，你。

⑭缕：线，这里指纺线织布。

⑮字：养育。

⑯遂：长，喂大。豚（tún）：小猪。

⑰饔（yōng）：早饭。飧（sūn）：晚饭。

⑱病：困苦。

译文

郭橐驼，不知道原先叫什么。由于得了佝偻病，后背高高隆起，俯着身子走路，好像骆驼，所以乡里人称呼他"橐驼"。橐驼听到这个外号，说："好得很，用它来称呼我确实很恰当。"于是舍弃他的原名，也自称"橐驼"了。他的家乡叫丰乐乡，在长安城的西郊。橐驼以种树为职业，凡是长安城的豪绅人家修建观赏游览的园林，以及卖水果的商人，都争相迎请雇用他。看橐驼所种植的树木，或者移栽的树木，没有不成活的，而且高大茂盛，果实结得又早又多。其他种树的人虽然偷偷地察看仿效，都不能赶上他。

有人问他原因，他回答说："我郭橐驼并不能使树木活得长久而且生长得快，只不过能够顺应树木自然生长的规律，使它按照自己的习性成长罢了。一般说来，种植树木的习性要求是：树根要舒展，培土要均匀，移栽树木要保留根部的旧土，捣土要细密。这样做了以后，不要再去动它，也不要再为它担心，离开后就不必再去看顾它了。树木移栽的时候要像培育子女一样精心细致，栽好后置于一旁要像把它丢弃一样，那样树木的生长规律就可以不受破坏，而能按照它的本性自然生长了。所以我只是不妨害它生长罢了，并没有使它长得高大茂盛的特殊本领；我只是不抑制、减少它的结果罢了，并没有使它果实结得又早又多的特殊本领。其他种树的人却不是这样，树根蜷曲不能伸展，又换了新土，培土不是多了就是少了。如果有与此相反的人，却又对树木爱得过于深厚，担心得过了头，早晨看看，晚上摸摸，已经离开了，还要回头看顾。更严重的，还用手指抓破树皮来检验树的死活，摇动树根来察看栽得是松是实，这样，树木的本性就一天天丧失了。虽然说是爱护树，实际上却害了树；虽然说是忧虑树，实际上却是仇恨树。所以都不如我啊，我又有什么本领呢？"

问的人说："把你种树的道理转用到为官治民上，可以吗？"橐驼说："我只知道种树罢了，为官治民，不是我的职业啊。然而我住在乡里，看到那些官吏喜欢不断地发布各种命令，好像很爱惜百姓，但最后反而造成了灾祸。每天早晚，差吏来到村中喊叫：'官长命令催促你们耕田，勉励你们播种，督促你们收割；早点缫好你们的丝，早点纺好你们的线；抚育好你们幼小的子女，喂养大你们的鸡猪。'一会儿击鼓让人们聚集在一起，一会儿敲木梆把大家召来。我们小百姓顾不上吃晚饭、早饭来应酬慰劳差吏尚且没有空暇，又靠什么来使我们人口兴旺、生活安定呢？所以都非常困苦而且疲乏。像这样，那就与我们行业的人大概也有相似之处吧？"

　　问的人颇有感慨地说道："这不是说得很好嘛！我问养树（的方法），却得到了养民的办法。"我记下这件事，把它作为官吏的借鉴。

解析

　　该文题目虽称为"传"，但并非一般意义上的人物传记。文章以老庄学派的无为而治、顺乎自然的思想为出发点，借郭橐驼之口，由种树的经验说到为官治民的道理，说明封建统治阶级有时打着爱民、忧民或恤民的幌子，却收到适得其反的效果，仍旧民不聊生。这种思想实际上就是"圣人不死，大盗不止""掊斗折衡，而民不争"的老庄思想的具体反映。唐代安史之乱以后，老百姓处于水深火热之中，苦不堪言。只有休养生息，才能恢复元气。如果封建统治者仍借行政命令瞎指挥，使老百姓疲于奔命，或者以行"惠政"为名大肆搜刮钱财，广大人民既要送往迎来，应酬官吏，又不得不劳神伤财以应付统治者摊派的任务，只能增加人民的财物负担和精神痛苦。

　　文章先写橐驼的命名、橐驼种树专长和种树之道，然后陡然转入"官理"，说出一番居官治民的大道理。上半篇为橐驼之传，目的是为下半篇的论述张本；下半篇的治民之理是上半篇种树之道的类比和引申。前宾后主，上下相应，事理相生，发挥了寓言体杂文笔法的艺术表现力。

　　综观全文，应注意三点：一是无论种树或治民，都要"顺天致性"，而不宜违逆其道；二是想要顺天致性，必先掌握树木或人民究竟怎样才能"硕茂、早实以蕃"，亦即摸清事物发展规律；三是动机效果必须统一，不允许好心办坏事，或只把好心停留在表面上和口头上。把这三点做好，才算真正懂得"养人术"。

佛偈两则

身是菩提树，心如明镜台。

时时勤拂拭，勿使惹尘埃。（神秀）

菩提本无树，明镜亦非台。

本来无一物，何处惹尘埃。（慧能）

——《六祖法宝·坛经》

译文

人身如一棵菩提树，人心就像一块明亮的镜台。人要时时勤快努力地拂拭，不要让那明亮的镜台沾惹上污垢尘埃。（神秀）

菩提原本就没有树，明亮的镜子也并非是台，本来就虚无一物，哪里会染上什么尘埃？（慧能）

解析

相传弘忍有一天为了考验众弟子禅解的浅深，并选出一人付以衣钵，命各人作偈呈验。时神秀为众中上座，即作一偈云："身是菩提树，心如明镜台。时时勤拂拭，勿使惹尘埃。"一时传诵全寺。弘忍看后对众人说："后世如能依此修行，亦得胜果。"并劝众人诵之。慧能在房间闻僧诵这一偈，认为还不彻底，便改作一偈，请人写在壁上。偈云："菩提本无树，明镜亦非台。本来无一物（这句是较通行的记载，敦煌本《坛经》此句作'佛性本清净'），何处惹尘埃。"众见此偈，皆甚惊异。弘忍见了，即于夜间召慧能试以禅学造诣，传其衣钵。

选诗第二首是禅宗六祖慧能大师的偈子，一般学者认为这个偈子具有里程碑的意义，标志着佛教在中国已经彻底实现了中国化，并且把佛教推向了更高阶段。换句话说，佛教是通过禅宗实现了更高阶段的发展。

禅宗在发展过程中，在一个重大问题上发生了分歧，这个分歧就是神秀和慧能分别代表的两种相互对立的观点。

神秀所代表的观点，以偈子的形式说，就是："身是菩提树，心如明镜台。时时勤拂拭，勿使惹尘埃。"实际意思是，实现佛教的最高目标涅槃的修炼过程是一个艰苦的过程，这个过程的关键是人本身，而人本身的关键是人的心，因此修炼要修心。

神秀这一派的观点实际上已经是佛教史上的巨大进步。因为我们知道，在佛教历史上，在关于如何实现涅槃这个问题上，佛教不同派别提出了不同方法，其中包括苦行、吃素把斋、行善积德、禁欲等各种修炼方式。而禅宗提出了修行要修心的思想，排除了其他方式对实现涅槃的干扰。

神秀的观点应该说继承了释迦牟尼佛关于"佛者，觉也"的思想，并把心的问题提到前所未有的高度，这是佛教思想的一个创造性发展。

但慧能所代表的一派并不完全认可神秀的观点。他们认为，神秀虽然把心的问题提了出来，但还不彻底。慧能评价神秀的偈子"了则未了"。

所以慧能提出自己的观点说："菩提本无树，明镜亦非台。本来无一物，何处惹尘埃。"意思是说，不错，对于实现涅槃来说，人是主要的，心是关键，但你说还要对心进行修炼就不对了。这说明还是没有脱离成佛要艰苦修行这个思路，因为不论你修哪，你还是要修炼啊。但如果你没有这个东西，你实际上就不用修炼了，就已经是佛了。

慧能的观点实际上是强调了"顿悟"的思想，应该是彻底阐明了释迦牟尼佛关于"觉悟"的根本含义。后来所谓"放下屠刀，立地成佛"的俗语应该就是这种观点的一个社会诠释。

慧能的观点相比之下确实比神秀的观点彻底，因此慧能把禅宗推向了佛教历史的高峰。慧能之后到现在，还没有人能超过他。

寒山问拾得

传说，寒山和拾得原本是佛界的两尊罗汉，在凡间化作两位苦行僧。一日，寒山受人侮辱，气愤至极。便有了下面与拾得的一段精彩对话。

寒山问拾得：世间有人谤我，欺我，辱我，笑我，轻我，贱我，骗我，如何处治乎？

拾得曰：只是忍他，让他，由他，避他，耐他，敬他，不要理他，再待几年你且看他。

译文

寒山问拾得：世间有人诽谤我，欺负我，侮辱我，嘲笑我，轻视我，践踏我，欺骗我，我该怎么对待他呢？

拾得说：只是容忍他，谦让他，由得他，避开他，忍耐他，敬重他，不要理睬他，再等待几年你且看他会是什么下场。

解析

在这段对话中，寒山师父问得很好，拾得师父答得很妙。其实，拾得的回答中所表现出来的那种豁达、那种超然、那种大度、那种洒脱，也就是中国古代道家思想代表人物庄子所宣扬的"清净无为论"中的"少私寡欲"、不去争斗。很明显，这是一种救人的、寻求个人解脱的学说，而不是一种救世的学说。

对个人的修行来说，"少私寡欲"、不去争斗的确能给人以极大的解脱。每个人身边总有些不快，这种不快很多是因别人对你的嫉妒、诽谤、讽刺、攻击甚至迫害所造成的。怎样对待别人的恶为（或善意的恶为），怎样摆脱身边的这些烦恼，是我们经常头疼的事。

"世间有人谤我，欺我，辱我，笑我，轻我，贱我，骗我，如何处治乎？只是忍他，让他，由他，避他，耐他，敬他，不要理他，再待几年你且看他。"这种处世方法，既不明争，也不暗斗，而是既不斗气也不生气，抬起眼走自己的路，相信自己能笑到最后。

事物总是一分为二的。修身养性、完善自我固然可取，但不闻世事，时时"清心寡欲"，抱着一种"事不关己，高高挂起"的人生态度去生活，也颇是有些对己、对世人或世界太不负责任了。拾得师父的回答，只是一种思想的反映，也仅仅是一个教育人要"修其身，完善其性"的美好愿望。它有着积极、善良的一面，但也有着不现实、颓废的缺陷。人都是生活在复杂的现实社会中，而不是生活在真空里。而现实的社会，既有它的美好、善良、真诚，也有它的丑恶、暴戾和虚伪。对于社会中那些坏的一面，我们又应该如何对待呢？比如，对公交车上猖獗盗窃的小偷，对大街上行凶作恶的歹徒，用"忍他，让他，由他，避他，耐他，敬他，不要理他，再待几年你且看他"的方法对待肯定是不行的。对于阴暗的事物，对于伤人、伤俗的歪风，对于欺弱压小的暴虐，对于一手遮天的恶行，"不抵抗政策"非但换不来安定，只能是让它们得寸进尺，越发肆无忌惮！于是乎，对话可改为："只是反他，抗他，驳他，击他，斥他，蔑视他，几个回合，消灭他！"

《寒山问拾得》这段经典对话之所以传世不衰，是因为它有睿智的哲理，因此就有无限的生命力。能一分为二地把这段对话的精髓为我所用，做人会更敞亮一些。

两小儿辩日

孔子东游，见两小儿辩斗，问其故。

一儿曰："我以日始出时去人近，而日中时远也。"

一儿以日初出远，而日中时近也。

一儿曰："日初出大如车盖，及日中则如盘盂，此不为远者小而近者大乎？"

一儿曰："日初出沧沧凉凉，及其日中如探汤，此不为近者热而远者凉乎？"

孔子不能决也。

两小儿笑曰："孰为汝多知乎?"

译文

孔子向东游历,见到两个小孩儿在争辩,就问他们争辩的原因。

一个小孩儿说:"我认为太阳刚刚升起的时候距离人近,而正午的时候距离人远。"

另一个小孩儿认为太阳刚刚升起的时候距离人比较远,而正午的时候距离人比较近。

一个小孩儿说:"太阳刚出时像车的车盖一样大,到了中午时就如同盘子一般小了,这不是远小近大的道理吗?"

另一个小孩儿说:"太阳刚出来时凉爽,到了中午的时候热得如同把手伸进热水中,这不是近的就感觉热,而远就觉得凉的道理吗?"

孔子听了之后,不能判断他们俩谁对谁错。

两个小孩儿笑着对孔子说:"是谁说你智慧多呢?"

解析

本文是一篇寓言故事。文章叙述了古时候两个小孩凭着自己的直觉,一个认为太阳早晨离人近,一个认为太阳在中午离人近,为此,各持一端,争执不下,就连孔子这样博学的人也不能作出正确判断的故事。这个故事说明宇宙之大,知识之广,上下纵横,虽智者也不能做到事事尽知。孔子没有"强不知以为知",而是本着"知之为知之,不知为不知"的实事求是的态度,敢于承认自己的无知,体现了他谦虚谨慎、实事求是的科学态度。

两小儿善于观察常见的生活现象,从中发现问题,引发思考与争辩,这说明他们善于从不同的角度看问题,具有多元化思维;当争辩无果时,找孔子做裁决,敢于嘲笑大名鼎鼎的孔圣人都有回答不了的问题,可见他们不仅懂得独立思考,并且能够大胆质疑。"传播真理固然重要,质疑传统思维更重要。"这种挑战圣人、质疑传统的精神,恰恰是我们所应重视的。

鼓盆而歌

庄子妻死,惠子吊之,庄子则方箕踞鼓盆而歌。惠子曰:"与人居,长子老身,死不哭亦足矣,又鼓盆而歌,不亦甚乎!"庄子曰:"不然。是其始死也,我独何能无概!然察其始而本无声;非徒无生也,而本无形;非徒无形也,而本无气。杂乎芒芴之间,变而有气,气变而有形,形变而有生,今又变而之死,是相与为春秋冬夏四时行也。人且偃然寝于巨室,而我嗷嗷然随而哭之,自以为不通乎命，故止也。”

——《庄子·至乐》

译文

庄子的妻子死了，惠子前往表示吊唁，庄子却正分开双腿像簸箕一样坐着，一边敲打着瓦缶一边唱歌。惠子说："你跟死去的妻子生活了一辈子，生儿育女直至衰老而死，人死了不伤心哭泣也就算了，又敲着瓦缶唱起歌来，不也太过分了吗?!"庄子说："不对哩。这个人她初死之时，我怎么能不感叹伤心呢！然而仔细考察她原本就不曾出生，不只是不曾出生，而且本来就不曾具有形体，不只是不曾具有形体，而且原本就不曾形成元气。夹杂在恍恍惚惚的境域之中，变化而有了元气，元气变化而有了形体，形体变化而有了生命，如今变化又回到死亡，这就跟春夏秋冬四季运行一样。死去的那个人将安安稳稳地寝卧在天地之间，而我却呜呜地围着她啼哭，自认为这是没能通晓于天命，所以也就停止了哭泣。"

解析

庄子并不冷漠，他把死亡和自然的运行相比较，将人比作自然的一部分，合于自然的规律，认为人的生命是由于气之聚，人的死亡是由于气之散。他这番道理摆脱了古人认为鬼神操控人类生死命运的观点，只把生死视为一种自然现象。他认为生死的过程就像四时的运行一样，超越了我们所领会的生死观。

人生在世，总要经历生与死，生死是事物的变化和命运的支配而导致的结果，就像白天黑夜、春夏秋冬四时在人们面前周而复始地变化一样，人们的智慧无法洞察其起始，无法预料其顺逆，只能安于天命，逆来顺受！过度地顾恋这些物质的东西，那么只会导致"以形害神"。为了物质的利益、为了肉体的片刻享乐而毁坏了生命的质量，在庄子看来，实在是"愚哉"之至，因为这种物质对于心灵的束缚和伤害是巨大的，久而久之，必定会形成"桎梏"和"心结"，造成生命的困境！只有忘却生理欲望、忘却人间功利，心灵在绝对的澄澈空明之中，我们才能在回归无形时而无欲无望，心灵自然而宁静！

大禹治水

尧舜时，九河不治，洪水泛滥。尧用鲧治水，鲧用雍堵之法，九年而无功。后舜用禹治水，禹开九州，通九道，陂九泽，度九山。疏通河道，因势利导，十三年终克水患。

一成一败，其治不同也。

夫水，柔物也，围之，则泛；堵之，则溢，此其性也。鲧不谙其性，围追堵截，急之于刚猛，固难成功！至禹，察父之败，反其道行之，不围不堵，挖渠疏道，导之以流，使小入于大，大通于海。终能变害为利，成其大功！

禹治水，乃我华夏第一千秋功业，三代以后之中国无不蒙其利。

——《史记·大禹治水》

译文

尧、舜在位的时候，天下许多河流都治理不好，洪水泛滥成灾。尧任用鲧来治水，鲧用堵塞的办法，花了很多时间也没有把洪水治服。后来舜用禹来治水，禹采取疏导的办法，带领老百姓在九州大地开挖水道，疏通许多河道，修建许多湖，勘测许多大山。疏通河道，一切顺其自然，十三年后终于治服了洪水。

大禹的成功和鲧的失败，就在于治法不同。

水，是柔软的东西，围它，就泛滥；堵它，就溢出，这是它的特性。鲧（禹的父亲）不知道它的特性，又围又堵，只能使水更加凶猛，所以很难成功。到了大禹，他采用不同的方法，不围不堵，挖沟渠，疏通水道，引导水流动，使小河流入大河，大河与大海相通。最终把有害的变成有利的，成就了极大的功劳。

大禹治水，是我们中华民族地位第一的千秋功业，尧舜禹三代之后，中国没有不承蒙他所创下的功业的。

解析

大禹治水，是一则脍炙人口的远古故事。这则故事，在一定的程度上体现了中国远古先民们不畏艰难，与自然灾害作斗争的不屈不挠的精神。大禹治水之所以能够成功，除了有"三过家门而不入"的敬业精神，更重要的是他采取了与其父鲧迥然不同的治水方法。鲧用"湮法"，愈湮愈决，不可收拾；禹反其父道而行之，改用"导法"，水归江河，行之有道，遂从根本上解决了水患，长治久安。

教育也是同样的道理。我们说，人在成长过程中犯错误是难免的。人无完人，孰能无过？孟子也讲过"人恒过"，关键是我们怎样帮助学生，怎样做好犯错误学生的转化工作。是严厉训斥，棍棒加之，以力压服，还是春风化雨，以理服人，让学生"如坐春风，如沐春雨"，感受到"爱的教育"？以力压服，可能会有"短期效应"，但只压得了一时，不能从根本上解决学生的思想问题，时间久了，老毛病又会卷土重来。如果善于细致地做好学生的思想工作，"晓之以理，动之以情，导之以行"不再是一句空洞的口号，那么，就可以说是为学生"计深远"，教育就会产生"可持续发展"的效果，有时甚至可能影响学生的一生，那么，老师的工作就可以说真正到了位，"善莫大焉"。学生的成长，是一个知、情、意、行的复杂过程，对学生的教育转化也是一门值得研究的艺术，光凭满腔的热忱还远远不够，要具体情况具体分析，增强教育的科学性。是沿用鲧的"湮法"，还是改用禹的"导法"，大禹治水或许能给我们一些有益启示。

第二节　实事求是，探索真知

朱熹："所谓致知在格物者，言欲致吾之知，在即物而穷其理也。"也就是说，"格物"是"致知"的手段，"致知"是"格物"的目的。而要想达到完全理解、获取真知的目的，必须实事求是，对自然的认知和探究尤其需要保持客观求实的态度，在敬畏、尊重自然的基础上探求自然的奥秘。孔子曾说过："知之为知之，不知为不知，是知也。"知道就知道，不知道就不知道，才是真正知道；不要不懂装懂，自欺欺人。实践出真知，实实在在去做，才能发现自然最真实的一面，才能获取真正的知识。我国古人正是以这种实事求是、科学求知的态度认识自然、探究真理，在敬畏、尊重自然的基础上探求自然的奥秘，才取得了举世瞩目的成就。

内涵概说

篆书　　　　　隶书　　　　　草书　　　　　行书　　　　　楷书

"矢"，既是声旁，也是形旁，表示箭，借代行猎、作战。"知"，篆文知＝矢（矢，借代行猎、作战）＋口（口，谈论），造字本义：谈论打猎、行军作战的经验。在远古时代，弯弓射箭是成年人的基本常识和重要经验。

《说文解字》："知"，词也。从口，从矢。知，表达意思的措词。字形采用"口、矢"会意。段玉裁："识敏，故出于口者疾如矢也。"意思是：认识、知道的事物，可以脱口而出。本义：知道。

我国古人格物的目的多是获取经验、常识，探究自然的目的也是了解、知晓自然，从而能够利用这种知识来造福人类。古人在获取真知的过程中实事求是、勇于探索的精神也值得我们继承和弘扬。

如今是信息爆炸的时代，尤其是网络信息遍布生活的每一个角落，信息诈骗、谣言当真理的现象不胜枚举。虽然国家出台了一系列措施，但人性的弱点总是会让不法分子有可乘之机，所以提高公民自身素质和鉴别能力才是防骗的根本。实践出真知，凡事应多问为什么，以理性的眼光去面对各种答案。我们要时刻保有怀疑求真的态度，通过实践去发现事物的真相，不能盲目地接受过去认为对的真理，也不能一味听信"学术权威"的指示。我们自己要有判断力，有践行力，以批判的思维去逼近真理。

修学好古，实事求是。

——《汉书·河间献王刘德传》

"是"，指示代词，指前面"古"的本质和规律。这句话写的是河间献王刘德精修学部，喜好古道，能从其实际出发，探求其内部联系及规律性，认识其本质，赞扬刘德在做学问时的求实精神。

刘德是汉景帝刘启的第二个儿子，公元前 155 年以皇子的身份受封为河间王。刘德酷爱儒学，亲自到各地去搜集古籍并对其进行整理，态度严谨，矢志不渝，对汉代的古籍整理工作作出了巨大贡献。班固在《汉书》中专门为刘德立传，传首就评价刘德治学"实事求是"。其实，孔子在《论语·公冶长》中提出要以"行"来检验"言"："始吾于人也，听其言而信其行；今吾于人也，听其言而观其行。"这也就是我们现在所说的"实践是检验真理的唯一标准"。后来，以毛泽东为首的第一代国家领导人在马克思实践观的基础上将"实事求是"中国化，并将其确定为党的思想路线的本质和核心。先辈们正是以这种"实事求是"的精神创造了人类历史上一个又一个奇迹。

日中有立人之象。

——《甘石星经》

这句话描述太阳黑子，意思是：太阳中有个站着的人的影像。

这句话出自《甘石星经》。《甘石星经》是古代中国天文观测记录，是世界上现存最早的天文著作之一。在长期观测天象的基础上，战国时期齐人（一说楚人或鲁人）甘德、魏人石申（一名石申夫）各写出一部天文学著作。后人把这两部著作合起来，称为《甘石星经》。他们观测了金、木、水、火、土五颗行星的运行情况，发现了这五颗行星出没的规律。我国科学家席泽宗研究证明：甘德已发现木星的 3 号卫星，比意大利伽利略和德国麦依尔的同一发现早近 2000 年；甘德、石申所测定的恒星记录，是世界上最早的恒星表。书中记有 120 颗恒星的位置，以现在的观察结果来看，还是比较准确的。它比欧洲第一个恒星表——希腊伊巴谷的星表早约 200 年。

> 鞠则见。鞠者何？星名也。鞠则见者，岁再见尔。初昏参中。盖记时也云。
>
> ——《大戴礼记·夏小正》

鞠，鞠星。岁，一年。再见，见到两次。盖，表推测。这段话的意思是：鞠星可以见到。鞠是什么呢？一种恒星的名字呀。鞠星可以见到，一年可以见到两次。在月初昏时参星位于天的中央。大概记录时刻吧。

这几句话介绍了鞠星一年可见到的次数、位置和它的作用，出自《夏小正》。夏代的历法是我国最早的历法，当时已经依据北斗星斗柄所指的方位来确定月份。保存在《大戴礼记》中的《夏小正》，就是现存的有关"夏历"的重要文献，是我国最早的天文历法著作，是中国现存最早的科学文献之一，也是中国现存最早的一部传统农事历书。《夏小正》按夏代十二个月的顺序，分别记述每个月的星象、气象、物象以及所应从事的农事和政事。其星象包括昏中星（黄昏时南方天空所见的恒星）、旦中星（黎明时南方天空所见的恒星）、晨见夕伏的恒星、北斗的斗柄指向、河汉（银河）的位置以及太阳在星空中所处的位置等等。《夏小正》按十二个月的时序详细记载上古先民所观察体验到的天象、气象、物象，形象地反映出上古先民对时令气候的朴素认识，实是华夏民族数千年天文学史的初始阶段——观象授时的结集。在没有天文望远镜的前提下，古人能有如此细致的观察，实属难得。我们在平时的生活中也要勤于观察、善于观察，并能及时记录，用心思考。

> 若求邪至日者，以日下为勾，日高为股，勾股各自乘，并而开方除之，得邪至日。
>
> ——《周髀（bì）算经》上卷二

若，如果。邪，通"斜"，歪斜，与"正"相对。以，把。并，合并。这句话的意思是：如果要求算出地面到太阳的斜长，可以用矩来测量，把矩作为股，把矩的影子作为勾，将勾、股各平方，相加后再开方，就得到斜长。

《周髀算经》原名《周髀》，是"算经十书"之一，中国最古老的天文学和数学著作，约成书于公元前 1 世纪，主要阐明当时的盖天说和四分历法。唐初规定它为国子监明算科的教材之一，故改名《周髀算经》。《周髀算经》在数学上的主要成就是介绍了勾股定理及其在测量上的应用以及怎样用于天文计算。《周髀算经》采用最简便可行的方法确定天文历法，揭示日月星辰的运行规律，囊括四季更替、气候变化，包含南北有极、昼夜相推的道理，给后来者的生活作息提供有力保障。自此以后历代数学家无不以《周髀算经》为参考，并在此基础上不断创新和发展。

　　天象盖笠，地法覆盘。

——《周髀算经》下卷

　　这句话意思是：天就像斗笠盖在地球上，地球就如一个倒扣着的盘子。

　　这句话体现了古代的盖天说。盖天说是我国最古老的宇宙学说之一。"天似穹庐，笼盖四野。天苍苍，野茫茫，风吹草低见牛羊。"当你来到茫茫原野，举目四望，只见天空从四面八方将你包围，有如巨大的半球形盖子笼罩在大地之上，而无垠的大地在远处似与天相接，挡住了你的视线，使一切景色都消失在天地相接的地方。这一景象无疑会使人们产生天在上、地在下、天盖地的宇宙结构观念。盖天说的出现大约可以追溯到商周之际，到了汉代，盖天说形成了较为成熟的理论。西汉中期成书的《周髀算经》是盖天说的代表作，它认为"天象盖笠，地法覆盘"，即：天地都是圆拱形状，互相平行，相距八万里，天总在地上。盖天说虽然在汉代以前一直在天文学界起着主导作用，但终因其有着不可克服的局限性，因而在汉代以后逐渐被"浑天说"所代替。后面我们会介绍张衡的"浑天说"。

　　工欲善其事，必先利其器。

——《论语·卫灵公》

　　工，手艺人。善，完善。这句话的意思是：做手工或工艺的人，要想把工作完成并做得完善，应该先让工具锋利。

　　这句话强调了准备工作的重要性。"磨刀不误砍柴工""凡事预则立，不预则废"就是这个道理。当今社会追求高效率，但是万丈高楼平地起，如果没有扎实的基础和充分的准备，一切只会成为空中楼阁，经不起风吹雨打。快节奏固然能有高效率，但"慢工出细活"。慢能沉淀心灵，静下心来斟酌考虑，做好万全的准备，后期的效率反而会更高，质量更佳。所以，慢是为了更快，快慢结合，方能事半功倍。

　　匠人营国，居九里，旁三门。国中九经九纬，经纬九轨。左祖右社，面朝后市，市朝一夫。

——《考工记》

营，营建。国，国都。这段话的意思是：工匠营建都城，九里见方，（都城的四边）每边三门。都城中有九条南北大道、九条东西大道，每条大道可容九辆马车并行。（王宫的门外）左边是宗庙，右边是社稷坛；（王宫的路寝）前面是朝，（王宫的）后面是市。每市和每朝各百步见方。

这几句话出自《考工记》。因为这种建筑比较科学，后世很多都城都依此建造。《考工记》是中国春秋战国时期记述官营手工业各工种设计规范和制造工艺的文献。书中保留有先秦大量的手工业生产技术、工艺美术资料，记载了一系列生产管理和营建制度，一定程度上反映了当时的思想观念。《考工记》是中国目前所见年代最早的手工业技术文献，该书在中国科技史、工艺美术史和文化史上都占有重要地位，当时在世界上也是独一无二的。

鉴位，景一小而易，一大而正，说在中之外内。

——《墨经·经下》

鉴，镜子。景，通"影"。易，改变。这句话的意思是：镜子立起，影子小则是镜位斜，影子大则是镜位正中，是所谓以镜位正中为准，分内外的原理。

这句话出自战国后期墨家的著作《墨经》，介绍了镜子形成不同影像的原因。《墨经》中有八条论述了几何光学知识，阐述了影、小孔成像、平面镜、凹面镜、凸面镜成像方法，还说明了焦距和物体成像的关系，这些比古希腊欧几里得（约公元前330—公元前275）的光学记载早百余年。

食饮有节，起居有常，不妄作劳，故能形与神俱，而尽终其天年，度百岁乃去。

——《黄帝内经·养生》

这句话阐释了养生的基本常识，意思是：吃喝有节制，起居有规律，不过度劳累，所以能身体好，精神好，能尽享天年，活百岁才离世。

现代人的生活压力巨大，追求快节奏的生活，羡慕纤细的身材，苗条骨感成了时尚，反手摸肚脐、锁骨放硬币风靡全球。越来越多人包括正在长身体的学生都一味地追求苗条，天天喊着"三月不减肥，四月徒伤悲"，事实上却是天天在减肥，却一天比一天肥。原因有很多，饮食起居习惯是很重要的一部分。比如饮食不健康，酷爱麻辣、炸鸡等垃圾食品，可以三餐不吃饭，但不能一日无麻辣。同时饮食不规律，暴饮暴食或者不按时吃饭，甚至不吃，只为瘦成竹竿。另外，生活不规律，过度依赖电子产品，通宵达旦上网、玩游戏，放假更是黑白颠倒，缺少锻炼，体质较差。《黄帝内经》给我们提了个醒：要想健康，必须吃好睡好运动好。

《黄帝内经》分《灵枢》《素问》两部分，相传为黄帝所作，因以为名。但后世较为公认的是它最终成形于西汉，作者亦非一人，而是由中国历代黄老医家传承增补发展创作而来，是中国最早的医学典籍，为传统医学四大经典著作（其余三者为《难经》《伤寒杂病论》《神农本草经》）之首。它奠定了人体生理、病理、诊断以及治疗的认识基础，是对中国影响极大的一部医学著作，被称为"医之始祖"。

夫春生夏长，秋收冬藏，此天道之大经也。弗顺则无以为天下纲纪。

——《史记·太史公自序》

这两句话阐述了农业生产的一般过程，意思是："（万物）春天萌生，夏天滋长，秋天收获，冬天储藏，这是自然之道的大准则。如果不顺从它，就没有办法成为天下的纲领制度。"

其实，万事万物都有其运行规律，规律可以利用，但不能打破，违背规律就会受到自然的惩罚，只有按照规律办事，才能达到事半功倍的效果。

河平元年，三月己未，日出黄，有黑气，大如钱，居日中央。

——《汉书·五行志》

西汉河平元年三月己未，即公元前 28 年 5 月 10 日。这句话意思是：公元前 28 年 5 月 10 日，太阳出来时是黄色的，有黑色的气体在里面，这黑气像铜钱一样大，正好在太阳的正中央。

这则材料，对太阳黑子出现的时间、形状、大小、位置都做了明确的记述，是当今世界公认的最早的太阳黑子记录。欧洲有关太阳黑子的最早记载，保存在艾因哈德的《查理大帝传》里。那次太阳黑子发生在公元 807 年 8 月 19 日。当时欧洲人还误以为是水星凌日。可见，欧洲人首次发现太阳黑子现象比中国至少要晚 835 年。中国古代天文学家观测天象，全凭目力。对于太阳，他们只能利用清晨黄昏日赤无光之际或者借助"油盆"才可以观察记录，但是有关太阳黑子的记述却如此准确、详细，何其可贵。

今有（人）共买物，（每）人出八（钱），盈（余）三钱；人出七（钱），不足四（钱），问人数、物价各几何。答曰：七人，物价五十三（钱）。

——《九章算术·盈不足》

盈，余，剩余。这句话的意思是：现在有几个人一起买东西，每个人出八钱，剩余三钱；每个人出七钱，还少四钱，问有多少人？这件物品值多少钱？回答：有七个人，这件物品值五十三钱。

盈不足术是中国数学史上解应用问题的一种别开生面的创造，它在我国古代算法中占有相当重要的地位。盈不足术还经过丝绸之路西传到中亚阿拉伯国家，受到特别重视，被称为"契丹算法"。后来又传入欧洲，被称为"双设法"，"双设法"曾长期统治欧洲的数学王国。

《九章算术》作者已不可考。它是中国古代的一部数学专著，是当时世界上最简练有效的应用数学，是"算经十书"中最重要的一种，成于公元 1 世纪左右。该书内容十分丰富，系统总结了战国、秦汉时期的数学成就。《九章算术》在数学上有其独到的成就，首先记录了盈不足等问题，还最早提到分数问题。在代数方面，《九章算术》在世界数学史上最早提出负数概念及正负数加减法法则；中学讲授的线性方程组的解法和《九章算术》介绍的方法大体相同。

《九章算术》的出现标志着中国古代数学形成了完整的体系，后世的数学家大都是从《九章算术》开始学习和研究数学知识的。唐宋两代统治者都明令规定将《九章算术》作为教科书。该书 1084 年由当时的北宋朝廷进行刊刻，成为世界上最早的印刷本数学书，可以说，《九章算术》是中国为全世界数学史发展作出的又一杰出贡献。该书的一些知识在隋唐时期就传播至日本、朝鲜、印度和阿拉伯，甚至远至欧洲，对其古代的数学发展产生了很大的影响。例如，关于比例算法的问题，它和后来在 16 世纪西欧出现的三分律的算法一样。作为一部世界数学名著，《九章算术》已被译成日、俄、德、法等多种文字出版。

方田：今有三分之一，五分之二，问合之得几何？答曰：十五分之十一。

——《九章算术》

这句话意思是：两块方田，现在一块有三分之一，一块有五分之二，问把两块田相加有多少？回答说：十五分之十一。

这句话出自《九章算术》。《九章算术》中有比较完整的分数计算方法，包括四则运算、通分、约分、带分数化为假分数（我国古代称为通分内子，"内"读为纳）等等，其步骤和方法与现代的大体相同。

浑天如鸡子，天体圆如弹丸，地如鸡子中黄，孤居于内，天大而地小。天表里有水，天之包地犹壳之裹黄。天地各乘气而立，载水而浮。

——《浑天仪注》

这句话阐释了"浑天说",意思是:天像鸡蛋,天体像弹丸一样圆,地球就像鸡蛋中的蛋黄,孤零零地处于天的里面,天大而地球小。天体表面有水,天包裹着地,就像鸡蛋壳包裹着鸡蛋黄。天和地各自驾驭着气,天内充满了水,天靠气支撑着,地则浮在水面上。

《浑天仪注》是一本天文学著作,成书于东汉,详年无考,作者是东汉张衡。里面最有名的就是这段关于"浑天说"的记载。张衡的浑天说比盖天说更进了一步,它认为天不是一个半球形,而是一整个圆球,地球在天之中,就如同蛋黄在鸡蛋内部一样。古代汉族人只能在肉眼观察的基础上加以丰富的想象,来构想天体的构造。浑天说认为全天恒星都布于一个"天球"上,而日月五星则附丽于"天球"上运行,这与现代天文学的天球概念也十分接近,可见古人认识之先进。

凡伤寒之病,多从风寒得之。始表中风寒,入里则不消矣。

——《伤寒杂病论卷之三十·伤寒部》

凡,凡是。这两句话意思是:凡是伤寒病,大多是因为风寒患病。刚开始是身体表面染上风寒(还可以消除),风寒侵入体内就消除不了了。

我们都说感冒可大可小,感冒初期多喝开水,加强运动,自然痊愈。可一旦严重,就难以痊愈,甚至会恶化成肺病、炎症。这是因为伤寒病多为感染风寒所致。风寒开始侵袭肌表,渐渐由表入里,病邪入里,就不容易解除了。所以,感冒在起始阶段就要重视。

《伤寒杂病论》是集秦汉以来医药理论之大成,并广泛应用于医疗实践的专书,是我国医学史上影响最大的古典医著之一,也是我国最早的理论联系实际的临床诊疗专书。它系统地分析了伤寒的原因、症状、发展阶段和处理方法,创造性地确立了对伤寒病的"六经分类"的辨证施治原则,奠定了理、法、方、药的理论基础。在这部著作中,张仲景创造了三个世界第一:首次记载了人工呼吸、药物灌肠和胆道蛔虫治疗方法。历代医家对《伤寒杂病论》推崇备至,赞誉有加,至今它仍是中医学习的源泉,是我国中医院校开设的主要基础课程之一。《伤寒杂病论》不仅成为我国历代医家必读之书,还广泛流传到海外,如日本、朝鲜、越南、蒙古等国。

冬天麦盖三层被,来年枕着馒头睡。

——《齐民要术》

冬天麦子盖着三层雪被,第二年农民们就可以枕着馒头睡觉。这句话说明冬天下大雪,麦子才能丰收。我们说"瑞雪兆丰年",就是这个道理。

这句话出自《齐民要术》。《齐民要术》大约成书于北魏末年（公元 533～544 年），为中国北魏杰出农学家贾思勰所著的一部综合性农学著作，是中国现存最早的一部完整的农书，也是世界农学史上最早的专著之一，被誉为"中国古代农业百科全书"，对中国农业的发展作出了巨大贡献。《齐民要术》中的很多句子甚至成为谚语，流传至今，比如"天气新晴，是夜必霜""小雨不接湿，无以生禾苗；大雨不待白背，温辗则令苗痎"等。

　　别有一种玉米，或称玉麦，或称玉蜀秫（shú），盖亦从他方得种。

——《农政全书·树艺》

这句话中首次提出"玉米"之名，意思是：另有一种玉米，或者叫玉麦，或者叫玉蜀秫，大概也是从其他地方得到种子的。

《农政全书》作者是明朝徐光启，全书共 60 卷，内容丰富，计有农本、田制、农事、水利、农器、树艺、蚕桑、蚕桑广类、种植、牧养、制造、荒政等 12 目。全书既大量考证收录前代有关农业的文献，又有徐光启在农业和水利方面的科研成果和著述，堪称当时祖国农业科学遗产的总汇。本书的主导思想是"富国必以本业"，所以《农事》3 卷放在全书之前。徐光启的"农本"思想，不但符合泱泱农业大国既往之历史，而且未必无补于今时。当前，农业问题和农民问题仍然是国家决策的重要内容。从这一点出发，徐光启的"农本"思想仍有合理因素可取用于现时。

　　百病必先治其本，后治其标。

——《本草纲目》

凡是治病，一定要先治本，然后再治标。

这句话出自《本草纲目》。明朝李时珍历时 27 年，三易其稿，著成《本草纲目》52 卷。这是本草学集大成之作，保存有 16 世纪以前的大量文献资料。该书首先介绍了历代本草的中药理论和所载药物，又首次载入民间和外用药 374 种，如三七、半边莲、醉鱼草、大风子等，并附方 11096 则，说明当时有最先进的药物分类法。本书虽为中药学专书，但涉及范围广泛，对植物学、动物学、矿物学、物理学、化学、农学等内容亦有很多记载。达尔文在其著作中亦多次引用本书中的资料，并称之为"古代中国百科全书"。英国科学家李约瑟称赞李时珍为"药物学界中之王子"。

　　共计一坯工力，过手七十二，方克成器。

——《天工开物·陶埏》

克，能够。这句话的意思是：一件毛坯，要经过许多人的手，才能加工成器具。

宋应星这句话介绍了景德镇瓷器的制作过程，被后来者广泛引用，用来说明制瓷工作的复杂艰苦。很多事情，和制作瓷器一样，只有经过一次又一次的尝试和努力，才能取得成功。很多成就的取得，可能还需要几代甚至几十代人的辛勤付出。

这句话出自《天工开物》。《天工开物》是中国古代一部综合性的科学技术著作，也是世界上第一部关于农业和手工业生产的综合性著作。《天工开物》初刊于 1637 年（明崇祯十年），共 3 卷 18 篇，全书收录了农业、手工业，诸如机械、砖瓦、陶瓷、硫黄、烛、纸、兵器、火药、纺织、染色、制盐、采煤、榨油等生产技术。《天工开物》是中国科技史料中保留最为丰富的一部，它更多地着眼于手工业，强调人类要和自然相协调，人力要与自然力相配合，反映了中国明代末年出现资本主义萌芽的生产力状况。

　　每炉甘石十斤，装载入一泥罐内，封裹泥固，以渐研（yà）干，勿使见火拆裂。然后逐层用煤炭饼垫盛，其底铺薪，发火煅红，罐中炉甘石熔化成团。冷定毁罐取出，每十耗去其二，即倭铅也。

——《天工开物·五金》

倭铅，锌。这种倭铅如果不和铜结合，一见火就会挥发成烟。由于它很像铅而又比铅的性质更猛烈，所以把它叫作"倭铅"。这段话意思是：每次将十斤炉甘石装进一个泥罐里，在泥罐外面涂上泥封固，再将表面碾光滑，让它渐渐风干，千万不要用火烤，以防泥罐拆裂。然后用煤饼一层层地把装炉甘石的罐垫起来，在下面铺柴引火烧红，最终泥罐里的炉甘石就能熔成一团了。等到泥罐冷却以后，将罐子打烂，取出来的就是倭铅（锌），每十斤炉甘石会损耗两斤。

宋应星是世界上第一个科学地论述锌和铜锌合金（黄铜）的科学家。他明确指出锌是一种新金属，并且首次记载了它的冶炼方法。同时用金属锌代替锌化合物（炉甘石）炼制黄铜，这也是人类历史上用铜和锌两种金属直接熔融而得黄铜的最早记录。冶炼倭铅是中国古代金属冶炼史上的重要成就之一，使中国在很长一段时间里成为世界上唯一能大规模炼锌的国家。公元 16～18 世纪，中国已向欧洲出口锌。

　　其中所入皆甚深，秉炬穿隘，屡起屡伏，乳柱纷错，不可穷诘焉。

——《徐霞客游记·滇游日记一》

秉，持，举着。这句话意思是：每个洞进去都很深，手持火把穿行在狭窄的洞中，洞中的地势时起时伏，钟乳石柱纷杂交错，无法穷究。

这句话记录了岩溶（喀斯特）地貌，语出《徐霞客游记》。《徐霞客游记》是一本以日记体为主的地理著作，明末地理学家徐霞客经过 34 年旅行，对地理、水文、地质、植物等现象均做了详细记录，在地理学和文学上作出了卓有价值的贡献。此外，徐霞客在记游的同时，还常常兼及当时各地的居民生活、风俗人情、少数民族的聚落分布和土司之间的战争兼并，多为正史稗官所不载，具有一定的历史学、民族学价值。《徐霞客游记》被后人誉为"世间真文字、大文字、奇文字"。自 2011 年起，每年 5 月 19 日（《徐霞客游记》开篇日）被确定为"中国旅游日"。

劝　学

君子①曰：学不可以已②。

青，取之于蓝③而青于④蓝；冰，水为之而寒于水。木直中绳⑤，𫐓以为轮⑥，其曲中规⑦。虽有槁暴⑧，不复挺⑨者，𫐓使之然也。故木受绳⑩则直，金⑪就砺⑫则利，君子博学而日参省乎己，则知明而行无过矣⑬。

……

——节选自《荀子》

①君子：指有学问有修养的人。

②已：停止。

③青：靛（diàn）青，一种染料，从蓝草中取得。于：从。蓝：蓼（liǎo）蓝，一年生草本植物，叶子含蓝汁，可以做蓝色染料。

④于：比。

⑤中绳：（木材）合乎拉直的墨线。木工用拉直的墨线来取直。

⑥𫐓：通"煣"，用火烤使木条弯曲（一种手工艺）。以：把。为：当作。

⑦规：圆规，测圆的工具。

⑧虽有槁暴（gǎo pù）：即使又被风吹日晒而干枯了。有：通"又"。槁：枯。暴：同"曝"，晒干。槁暴：枯干。

⑨挺：直。

⑩受绳：用墨线量过。

⑪金：指金属制的刀剑等。

⑫就砺：拿到磨刀石上去磨。就：动词，接近，靠近。砺：磨刀石。

⑬博学：广泛地学习。日：每天。参省（xǐng）乎己：对自己检查、省察。参：一译检验，检查；二译同"叁"，多次。省：省察。乎：介词，于。知：通"智"，智慧。明：明达。行无过：行动没有过错。

译文

君子说：学习是不可以停止的。

靛青是从蓝草里提取的，可是比蓝草的颜色更深；冰是水凝结而成的，却比水还要寒冷。木材直得合乎拉直的墨线，用火烤把它弯曲成车轮，（那么）木材的弯度（就）合乎圆规的标准了，即使又被风吹日晒而干枯了，（木材）也不会再挺直，是因为经过加工，使它成为这样的。所以木材用墨线量过，再经辅具加工就能取直，刀剑等金属制品在磨刀石上磨过就能变得锋利，君子广泛地学习，而且每天检查反省自己，就会变得聪明机智，而行为就不会有过错了。

......

解析

文章开篇提出中心论点——"学不可以已"：学习是不可以停止的。接着具体论述学习的重要性，即学习可以提高、改变素质，使人智慧明达，言行无过。第二段运用比喻论证，共用了青出于蓝而胜于蓝、冰成于水而寒于水、直木经揉变弯而弯木难直、木经测量加工可变直、兵器磨砺可变锋利等五个比喻，既揭示了社会规律，阐述了自然界中的客观现象，也说明了学习的重要性。因为荀子认为人的本性是"恶"的，必须用礼义来矫正，所以他特别重视学习。玉不琢不成器，人不学不知道。现代社会要提高国民素质，首先要提倡全民学习，活到老学到老，唯有如此，才能获取真知，才能去讲道德，谈创新，求和谐发展。

二十四节气①歌

春②雨惊③春清谷④天，夏满⑤芒⑥夏暑相连。

秋处⑦露秋寒霜降，冬雪雪冬小大寒。

每月两节不变更，最多相差一两天。

上半年逢六廿⑧一，下半年逢八廿三。

——20世纪90年代《新华字典》二十四节气速记诗

①二十四节气：分别指立春、雨水、惊蛰、春分、清明、谷雨、立夏、小满、芒种、夏至、小暑、大暑、立秋、处暑、白露、秋分、寒露、霜降、立冬、小雪、大雪、冬至、小寒、大寒。

②春：立春。立，开始。立春是春天的开始。

③惊：惊蛰。蛰，藏。惊蛰是指春雷惊醒了蛰伏的冬眠动物。

④谷：谷雨，雨生百谷。雨量充沛及时，谷类作物就能苗壮成长。

⑤满：小满，麦类等夏熟作物籽粒开始饱满。

⑥芒：芒种，麦类等有芒作物成熟。

⑦处：处是终止、躲藏的意思。处暑是表示炎热的暑天结束。

⑧廿（niàn）：二十。

译文

立春、雨水、惊蛰、春分、清明、谷雨；立夏、小满、芒种、夏至，小暑和大暑相连；立秋、处暑、白露、秋分、寒露、霜降；立冬、小雪、大雪、冬至、小寒、大寒。每个月的两个节气时间不会有太大变动，变动的话最多相差一两天。上半年是六号、二十一号，下半年就是八号、二十三号。

解析

这篇文章介绍了中国的二十四节气。二十四节气是根据太阳在黄道（即地球绕太阳公转的轨道）上的位置来划分的。视太阳从春分点（黄经零度，此刻太阳垂直照射赤道）出发，每前进 15 度为一个节气；运行一周又回到春分点，为一回归年，合 360 度，因此分为 24 个节气。二十四节气反映了太阳的周年视运动，所以节气在现行的公历中日期基本固定，上半年在 6 日、21 日，下半年在 8 日、23 日，前后相差 1～2 天。

二十四节气是中国历法的独特创造，几千年来对推动中国农牧业发展起着重要作用。随着中国历法的外传，二十四节气流传到世界各地。在国际气象界，二十四节气被誉为"中国的第五大发明"。2016 年 11 月 30 日，二十四节气被正式列入联合国教科文组织人类非物质文化遗产代表作名录。天有不测风云，天气就像小孩的脸说变就变，现在精密仪器下的天气预报都难以达到百分之百的准确，古人却能通过肉眼观察、记录，总结出经验并流传至今，这是多么难得呀！

三　峡

自①三峡七百里中，两岸连山，略无②阙③处。重④岩叠嶂⑤，隐天蔽日，自非⑥亭午⑦夜分⑧，不见曦⑨月。

至于⑩夏水襄⑪陵⑫，沿⑬溯⑭阻绝⑮。或⑯王命⑰急宣⑱，有时朝发白帝⑲，暮到江陵⑳，其间千二百里，虽㉑乘奔㉒御㉓风，不以㉔疾㉕也。

春冬之时，则素湍㉖绿潭，回清㉗倒影。绝巘㉘多生怪柏，悬泉㉙瀑布，飞漱㉚其间，清荣峻茂㉛，良㉜多趣味。

每至晴初霜旦㉝，林寒涧肃㉞，常有高猿长啸㉟，属引㊱凄异㊲。空谷㊳传响㊴，哀转㊵久绝㊶。故渔者歌曰："巴东㊷三峡巫峡长，猿鸣三声㊸泪沾裳㊹。"

——北魏郦道元《水经注》

注释

①自：在（或可译为"从""由"）。

②略无：完全没有。略：这里是"完全、全部"的意思。

③阙：同"缺"，空缺。

④重：重叠。

⑤嶂：直立像屏障的山峰。

⑥自非：如果不是（除非）。自：这里是"如果"的意思。

⑦亭午：正午。亭：正，当。

⑧夜分：半夜。

⑨曦（xī）：日光，这里指太阳。

⑩至于：到。

⑪襄：漫上。

⑫陵：山陵、丘陵。

⑬沿：顺流而下。

⑭溯：逆流而上。

⑮绝：断绝。

⑯或：有时。

⑰王命：皇帝的命令。

⑱宣：传达。

⑲白帝：城名，在今重庆市奉节县东。

⑳江陵：今湖北省江陵县。

㉑虽：即使。

㉒奔：这里指飞奔的马。

㉓御：驾驶。

㉔不以：比不上，不如。

㉕疾：快。

㉖素湍（tuān）：白色的急流。

㉗回清：回旋着清波。

㉘绝巘（yǎn）：极高的山峰。绝：极、最。

㉙悬泉：从山崖上流下好像悬挂着的泉水。

㉚飞漱：飞流冲刷。漱：冲刷。

㉛清荣峻茂：水清，树茂，山高，草盛。

㉜良：的确，实在。

㉝晴初：秋雨初晴。霜旦：降霜的早晨。

㉞肃：寂静。

㉟长啸：放声长叫。

㊱属（zhǔ）引：连续不断。属：动词，连续。引：延长。

㊲凄异：凄凉怪异。

㊳空谷：空荡的山谷。

㊴响：回声。

㊵哀转：悲哀婉转。

㊶绝：消失。

㊷巴东：郡名。

㊸三声：多声、几声，"三"表示次数多（虚数）。

㊹裳（cháng）：古人穿的下衣。注意：古代男女都穿"裳"，不是裤子，是裙的一种。

译文

在三峡七百里中，两岸群山连绵，完全没有一点空缺的地方；重重叠叠的岩峰像屏障一样，遮盖住了蓝天和太阳，如果不是正午，就看不见太阳，如果不是半夜，就看不见月亮。

到了夏天江水暴涨，漫上山陵，下行或上行的船只都被阻挡了。如果有皇帝的命令要紧急传达，有时早上从白帝城出发，傍晚就到了江陵，这中间有一千二百多里。即使骑着奔驰的快马，驾着风，也不如船行得快啊！

春冬季节，白色的急流，回旋着清波，碧绿的深水，映出了山石林木的倒影。极高的山峰上长着许多奇形怪状的古柏，悬挂着的泉水瀑布，从它们中间飞泻、冲荡下来，水清，树茂，山高，草盛，实在是趣味无穷。

每逢秋雨初晴或者降霜的早晨，树林山涧里一片清冷寂静，常常有一些高处的猿猴拉长了声音在叫，叫声连续不断，音调凄凉怪异，空荡的山谷里传来回声，悲哀婉转，很长时间才消失。所以打鱼的人唱道："巴东三峡中巫峡最长，猿猴啼叫几声，我的眼泪就沾湿了衣裳！"

解析

郦道元（466或472—527），南北朝北魏时期人，出生于范阳涿县（今河北涿州）一个官宦世家，世袭永宁侯。从小好学，喜爱游览，做官后便四处游历。每到一处，不仅参观名胜古迹，还用心勘察水流地势，了解沿岸地理、地貌、土壤、气候、人民的生产生活、地域的变迁等。他发现了古代的地理书《水经》，这本书对大小河流的来龙去脉缺乏准确记载，且由于时代更替、城邑兴衰，有些河流改道、名称变更，书上也未加以补充和说明，于是郦道元亲自给《水经》作注，注解中不但有丰富的地理知识，而且文字优美，是一部不可多得的山水散文集，也是我国游记文学的重要著作，具有很高的史学价值和文学价值。

本文是《水经注·江水》中的"（江水）又东过巫县南，盐水从县东南流注之"的一条注。它用彩笔描绘了长江三峡的奇特地貌和不同季节雄伟壮丽的奇景。文章笔墨凝练，语言精美，写景独具特色。写山，突出山的连绵不断、遮天蔽日；写水，则描绘水在不同季节的不同景象，生动形象，使人如临其境。同时，作者饱含热情，融情于景，情景交融，最后以忧伤的渔歌作结，表现了"山水虽佳，可世上犹有劳贫"的思想感情。文章虽小，但展示了祖国河山雄伟奇丽、无限壮观的景象，表达了作者对大好河山的真情、对祖国的热爱。

蔡伦造纸术

"蔡伦字敬仲，桂阳人也。……伦有才学，尽心敦慎，数犯严颜，匡弼得失。……自古书契多编以竹简，其用缣（jiān）帛（即按书写需要裁好的丝织品）者谓之为纸。缣贵而简重，并不便于人。伦乃造意（发明、创造）用树肤、麻头及敝布、渔网以为纸。元兴元年，奏上之。帝善其能，自是莫不从用焉，故天下咸称"蔡侯纸"。

——《后汉书·蔡伦传》

译文

蔡伦字敬仲，桂阳人。……蔡伦有才学，做事尽心尽力，为人诚实谨慎，多次触犯龙颜，陈述得失的道理。……古书多以竹简编制，而绢帛制作的就称为纸。那时的纸昂贵，竹简沉重很不方便，而蔡伦在总结前人经验的基础上，用树皮、麻头、破布和旧渔网做造纸原料。元兴元年，蔡伦将纸上呈皇帝，皇帝欣赏他的才能，人们从此使用这种纸，所以天下人都叫这种经他改进的纸为"蔡侯纸"。

解析

东汉和帝元兴元年（公元105年），蔡伦在总结前人制造缣帛的经验的基础上，用树皮、破渔网、破布、麻头等做原料，制造成了适合书写的植物纤维纸，使纸成为普遍使用的书写材料。这种纸很便宜，质量高，原料又很容易找到，所以逐渐被普遍使用。从 6 世纪开始，造纸术逐渐传往朝鲜、日本，以后又经阿拉伯、埃及、西班牙传到欧洲的希腊、意大利等地。可以说，纸的发明引发了书写材料的一场革命，它使得文化知识极易普及、易于传播、使用方便，对人类文明的发展与传播起了巨大的推进作用。即使到了现在，纸依然是我们生活中不可或缺的一部分。在键盘盛行的时代，传统的手写方式不应被遗弃。它代表的不仅仅是一种书写方式，更是一种文明，一种文化的传承。现在越来越多人也开始去纸中寻找那份古色古香，去寻找那份渐渐被忘却的情怀和文明。

指南针

方家以磁石磨针锋，则能指南，然常微偏东，不全南也。水浮多荡摇，指爪及碗唇上皆可为之，运转尤速，但坚滑易坠，不若缕悬为最善。其法取新纩（kuàng）中独茧缕，以芥子许蜡，缀于针腰，无风处悬之，则针常指南。其中有磨而指北者。予家指南、北者皆有之。

——《梦溪笔谈·卷二十四》

译文

道术修养深厚精湛的人（方家）用磁石来摩擦针头，于是针头就可以指向南方，不过总是略微偏东，不是正南方。如果把磁针放在水上，就会随水波动荡摇摆。其实在手指甲盖或碗边都可以让磁针指南，运转的速度还很快。但是在坚硬光滑的表面容易滑落，不如以丝线悬挂为最好方法。这个方法是取新丝中的独茧丝（意思是丝线完整，不是用几根接起来的）一根，用芥子大小的一点蜡黏系在针的中间位置，悬挂在没有风的地方，那么这根磁针的尖端就会总是指向南方。当然，有的人做的针尖会指向北方。我家里指南指北的磁针都有。

解析

指南针又称司南。这条记载明确指出指南针是方家（堪舆家）首先发明和使用的，由"磁石磨针锋"的人工磁化方法制成。指南针是中国古代劳动人民在长期的实践中对磁石磁性认识的结果。作为中国古代四大发明之一，它的发明对人类的科学技术和文明的发展起到了无可估量的作用。在中国古代，指南针起先应用于祭祀、礼仪、军事、占卜与看风水时确定方位。11 世纪末或 12 世纪初，中国船舶开始使用指南针导航。北宋《萍洲可谈》："舟师（掌舵者）识地理，夜则观星，昼则观日，阴晦观指南针。"指南针应用在航海上，是全天候的导航工具，弥补了天文导航、地文导航之不足，开创了航海史的新纪元。后由阿拉伯人传入欧洲，为后来欧洲航海家的航海活动创造了条件。

火 药

①硫二两，硝二两，马兜铃三钱半。右为末拌匀，掘坑入药于罐内与地平。将热火一块弹子大，下放里面，烟渐起，以湿纸四五重盖，用方砖两片捺，以土家之，候冷取出。

——唐清虚子《铅汞甲庚至宝集成》

②硫黄一两，硝石一两，砂半两，右三味为末，甘锅坯成汁泻入槽中成伏矣。

——唐孙思邈《孙真人丹经·内伏硫黄法》

译文

①硫黄、硝石各二两，马兜铃三钱半。研成粉末拌匀，掘一地坑，将药倒入罐子，放罐子在坑里与地齐平。把一块如弹子般大小的热火放到里面，烟渐渐起来，盖上四五层湿纸，用方砖、土建成一个小房子遮住，等到冷却了就取出来。

②硫黄、硝石各一两，砂半两，把这三者捣成粉末，将它们放入坩埚内，烧成汁，泻入槽中，就伏火了。

解析

火药的发明是人们长期炼丹、制药实践的结果，至今已有一千多年历史。我国现在看到的第一部记载火药配方的书，成书于八九世纪。书中说"以硫黄、雄黄合硝石，并密烧之"，会发生"焰起，烧手面及火尽屋舍"的现象。这里的"密"应该是蜂蜜的"蜜"。蜜加热能变成炭。硫黄、硝石与炭混合，就是火药的配方。火药是中国四大发明之一，是人类文明史上的一项杰出成就。火药在适当的外界能量作用下，自身能迅速而有规律地燃烧，同时生成大量高温燃烧的物质。在军事上主要用作枪弹、炮弹的发射药和火箭、导弹的推进剂及其他驱动装置的能源，是弹药的重要组成部分。唐朝末年，火药已被用于军事。

毕昇活字印刷术

版印书籍，唐人尚未盛为之。自冯瀛王始印五经，已后典籍，皆为版本。庆历中，有布衣毕昇，又为活版。其法用胶泥刻字，薄如钱唇，每字为一印，火烧令坚。先设一铁板，其上以松脂、蜡和纸灰之类冒之。欲印则以一铁范置铁板上，乃密布字印。满铁范为一板，持就火炀之，药稍熔，则以一平板按其面，则字平如砥。若止印三二本，未为简易；若印数十百千本，则极为神速。常作二铁板，一板印刷，一板已自布字。此印者才毕，则第二板已具。更互用之，瞬息可就。每一字皆有数印，如"之""也"等字，每字有二十余印，以备一板内有重复者。不用则以纸贴之，每韵为一贴，木格贮之。有奇字素无备者，旋刻之，以草火烧，瞬息可成。不以木为之者，文理有疏密，沾水则高下不平，兼与药相粘，不可取。不若燔（fán）土，用讫再火令药熔，以手拂之，其印自落，殊不沾污。昇死，其印为予群从所得，至今保藏。

——沈括《梦溪笔谈·活版》

译文

  用木板刻印书籍，唐朝人还没有广泛运用。自从五代冯瀛王开始用木板刻印五经，以后的经典书籍，都用木板刻印。庆历年间，有个平民叫毕昇，创造了活字印刷的技术。方法是用胶泥来刻制活字，活字薄得像铜钱边缘，每个字做成一个印，然后用火把它烧硬。印刷前先准备一块铁板，在铁板上面铺上用松香、蜡和纸灰调和成的药。要印刷时，就把一个铁框放在铁板上，在铁框里将字密密地排上。排满以后，拿到火上烘烤，等到药物有点熔化，用一块平板在活字上面一按，整板字面就能平得像磨刀石那样。如果只印两三本书，这种方法不算简便；如果印上几十几百以至几千本，那就非常快速。通常是准备两块铁板，一块板在印刷，另一块板则另外排字，这板才印完，第二板已准备妥当，轮流使用，转眼间就印好了。每个字都有几个印，例如"之""也"等字，每个字有20多个印，以便准备一板内有重复的字时使用。不用的时候，就用纸贴上标签，按每个韵为一类，放在木格里保存。如果碰上不常见到的字且平时没有准备好的，可以马上刻制，用草火来烧它使它变坚硬，转眼间就可做成。不用木头来做字印，是因为木纹有疏有密，沾上水以后就会凹凸不平，而且和药物粘连在一起，不容易取下。不如用胶泥制的好，用完把字板放在火里烤一下，让药物熔化，用手拂去后，字印就落下来了，一点也不会沾污。毕昇死后，他的活字传到我的子侄们手里，到现在还珍藏着。

解析

  印刷术是中国古代劳动人民的四大发明之一。雕版印刷术发明于唐朝，并在唐朝中后期得到普遍使用。宋仁宗时毕昇发明了活字印刷术。活字印刷术是人类历史上最伟大的发明之一，是中国对世界文化的重大贡献，为知识的广泛传播、交流创造了条件。中国的活字印刷技术先后传到朝鲜、日本、中亚、西亚和欧洲地区。1450年前后，德国美因兹的谷腾堡受中国活字印刷的影响，用合金制成了拼音文字的活字，用来印刷书籍。谷腾堡发明的铅活字印刷术比毕昇发明的活字印刷术整整晚了400年。印刷技术传到欧洲，加速了欧洲社会的发展进程，为文艺复兴的出现提供了条件，为现代社会的建立提供了必要前提。马克思把印刷术、火药、指南针的发明称为"是资产阶级发展的必要前提"。

鲁 问

公输子削竹木以为鹊，成而飞^①之，三日不下，公输子以为至巧。子墨子谓公输子曰："子之为鹊也，不若翟之为辖^②，须臾刘^③三寸之木而任五十石^④之重。"故所谓巧，利于人谓之巧，不利于人谓之拙。

——节选自《墨子·鲁问》

注释

①飞：使……飞起来。

②辖：车轴两头的插销儿。

③刘：通"镂"，刻削。

④石（dàn）：古代以三十斤为一钧，以四钧为一石，即一百二十斤为一石。

译文

公输班刻削竹木做了一只喜鹊，做成后让它飞翔，木喜鹊竟三天不落下来。公输班认为这是最巧的手艺。墨子对公输班说："你做喜鹊，不如我做辖木。我一会儿就刻削完三寸的木料，（把它安在车上）就能载五十石的重量。"因此所谓巧，就是对人有利叫作巧，对人不利叫作拙。

解析

这段文字记录了公输班（鲁班）造木鸢（风筝）的故事。风筝由中国古代劳动人民发明于东周春秋时期，至今已 2000 多年。相传墨翟（墨子）以木头制成木鸟，研制三年而成，是人类最早的风筝起源。《韩非子·外储说左》记载："墨子为木鸢，三年而成，一日而败。"后来鲁班根据墨翟的理想和设计，用竹子做风筝。到南北朝时，风筝开始成为传递信息的工具；从隋唐开始，由于造纸业的发达，民间开始用纸来裱糊风筝；到了宋代，放风筝成为人们喜爱的户外活动。宋人周密在《武林旧事》中写道："清明时节，人们到郊外放风鸢，日暮方归。""鸢"就指风筝。北宋张择端的《清明上河图》，宋苏汉臣的《百子图》里都有放风筝的生动描述。公元 1600 年，东方的风筝（菱形）传到了欧洲。

有人说，中国文人的外表是儒家，但内心永远是道家。道家以"道"为核心，认为天道无为，主张道法自然，是诸子百家中极为重要的哲学流派之一，存在于中华各文化领域，对中国乃至世界文化都产生了巨大影响。其代表人物是老子和庄子。

第七章

遵道

第一节　道法自然

老子以"道"解释宇宙万物的演变，以为"道生一，一生二，二生三，三生万物"，"道"乃"夫莫之命（命令）而常自然"，因而"人法地，地法天，天法道，道法自然"。"道法自然"的读法是"道/法/自然"，而非"道法/自然"，"法"为动词，意为"效法、遵循"。"道法自然"即"道"效法或遵循自然，揭示了整个宇宙的特性，囊括天地间所有事物的属性，宇宙天地间万事万物均效法或遵循"道"的"自然而然"规律。

内涵概说

篆书　　　　隶书　　　　草书　　　　行书　　　　楷书

金文中的"道"字，是"行"（行，四通的大路）的中间"首止"（首，代表观察、思考、选择；止，表示行走），意思是在岔路口为迷路者领路，为不知方向的人引道而行，相当于今天的向导。

《说文解字》卷二中解释是："道，所行道也，从辵（chuò）首。"训其义为"行道"，即今天我们所称的道路，后来引申为途径、方法、本原、本体、规律、原理、境界、终极真理和原则等等。

道是宇宙万物产生和发展的总根源，包含天道、地道、人道。天道是宇宙之本体、自然之规律，是生命本性、万物之源。万物生化，日月运行，寒暑往来，这就是天道所为，是人所不能左右的。地道就是大地的特征和规律，也可引申为国与国、家跟家、人和人、物与物之间相处相存必须遵循的规范。人道是以爱护人的生命、关怀人的幸福、维护人的尊严、保障人的自由、发挥人的主体性等为原则的人事或为人之道。天道至公，地道为实，人道酬善。

道家诸子特别强调"体道"，指的是一种实践修养的工夫，要求实践者对道体有切身的体悟，并就此体悟加以贯彻力行，务求通过践行的工夫令实践者把握道体的特质，且将这特质透显出来。道就是对自然欲求的顺应。任何事物都有一种天然的自然欲求，谁顺应这种自然欲求，他就会与外界和谐相处；谁违背这种自然欲求，他就会同外界产生抵触。所以这里蕴含了我们看待世界的基本认识论和方法论。人受制于地，地受制于天，天受制于规则，规则受制于其本身。"道"不仅产生"万物"，而且也是万物得以生存、存在的基础和保证。

  道可道，非常道；名可名，非常名。

——《道德经·第一章》

  这两句话是老子《道德经》九九八十一章的第一章开篇，也是《道德经》的总纲。前句第一、第三两个"道"是名词，是指宇宙万物的本原、本体；第二个"道"是动词，意思是"说出"。"常"指永恒的。后句第一、第三两个"名"是名词，它的意思是"名称、概念"；第二个"名"是动词，意思是"称呼、命名"。即：宇宙间万事万物的本原，都是可以说出来的，但它不是永恒不变的本原；各种事物的名称都能够称呼它，但它不是永远不变的。老子著《道德经》旨在向世人指明可以免祸于身、免祸于社会的圣人之道。"可道"之道、"可名"之名是常人所行之道、所求之名，非圣人所行之道、所求之名。人生之道无非是追求自由、幸福、健康、长寿之道。同一条人生道路，却有两种截然不同的走法，一是走圣人之道，也就是顺其自然、返璞归真之道；一是走常人之道，也就是追求外在的名利之道。不同的道路，必然造就不同的人生和社会。

  人法地，地法天，天法道，道法自然。

——《道德经·第二十五章》

  人们依据大地而生活劳作，繁衍生息；大地依据上天而寒暑交替，化育万物；上天依据大"道"而运行变化，排列时序；大"道"则依据自然之性，顺其自然而成其所以然。此句为老子理论的纲领，阐述了老子"道"的理论中与天、地、人之间的基本关系。"道法自然"，指出人类社会与自然界都必须效法"道"，而"道"只是效法自然而已。

  道生一，一生二，二生三，三生万物。万物负阴而抱阳，冲气以为和。

——《道德经·第四十二章》

道是独一无二的，道本身包含阴阳二气，阴阳二气相交而形成一种适匀的状态，万物在这种状态中产生。万物背阴而向阳，并且由阴阳二气的互相激荡而成新的和谐体。这里的"一、二、三"几个数字并不能看作具体的事物和具体数量，它们只是表示"道"生万物从少到多、从简单到复杂的一个过程。

曲则全，枉则直，洼则盈，敝则新，少则得，多则惑。

——《道德经·第二十二章》

委曲便会保全，屈枉便会直伸，低洼便会充盈，陈旧便会更新，少取便会获得，贪多便会迷惑。老子用这六个句子，讲述事物由正面向反面变化所包含的辩证法思想，即委曲和保全、弯曲和伸直、不满和盈溢、陈旧和新生、缺少和获得、贪多和迷惑。老子认为，事物常在对立的关系中产生，人们对事物的两端都应当观察，从正面去透视负面的状况，对负面的把握，更能显现出正面的内涵。

不自见，故明；不自是，故彰；不自伐，故有功；不自矜，故长。夫惟不争，故天下莫能与之争。

——《道德经·第二十二章》

不仅仅看到自己，便能更明了世事；不自以为是，反而能更彰显自己；不自我夸耀，反而能成就功业；不自高自大，所以能长期有所长进。正因为不与人争，所以遍天下没有人能与他争。"不争"被道家视为一种天道自然准则，它实际上是一种以不争为争的君子之术和处世之方。所谓"不争"，不是放弃一切，而是要以不争反立于不败之地。与"难得糊涂""吃亏是福"等思想意识属同一源流关系。

且夫水之积也不厚，则其负大舟也无力。

——《庄子·逍遥游》

如果水积得不深不厚，那么它就没有力量负载大船。从大舟与水的关系看，我们至少可以得到这样的启示：求大学问，干大事业，必须重视积累，打下坚实、深厚的基础。

以无厚入有间，恢恢乎其于游刃必有余地矣。

——《庄子·养生主》

用很薄的刀刃插入有空隙的骨节，所以运作起来还是宽绰而有余地的。说明做事要"依乎天理"，"以无厚入有间"，这是庄子养生论的核心。同时说明了要认识自然规律，按自然规律办事。成语"目无全牛""游刃有余"都出自《养生主》。

> 汝不知夫螳螂乎？怒其臂以当车辙，不知其不胜任也，是其才之美者也。
>
> ——《庄子·人间世》

你不知道那只螳螂吗？舞起它那两条大刀式的胳臂，妄图挡住滚滚前进的车轮。它不了解自己的力量是根本无法胜任的，却自以为是地认为自己的本领很强大。成语"螳臂当车"的典故由此而来，用以比喻不自量力。

> 泉涸，鱼相与处于陆，相呴（xǔ，嘘气）以湿，相濡以沫，不如相忘于江湖。
>
> ——《庄子·大宗师》

泉水干了，鱼共困于陆地上，用湿气互相沾湿，用唾沫互相湿润对方，就不如在江湖里彼此相忘。这里暗喻世人应忘掉生死，而游于大道之乡。成语"相濡以沫"（也作"以沫相濡"）源出于此。鱼"相忘于江湖"的自在状态中，"忘"字是个秘诀。人的记忆有筛拣作用，我们记得的远远少于真正发生的。从整个宇宙来看，地球上发生的所谓大事，不是有如微尘飘浮吗？从个人一生来看，某次刻骨铭心的遭遇又能有多少分量？庄子强调"心斋"，让内心处于虚静状态，达到空灵层次。悟道并不神秘，只是让人回到本然的自我。此时自我由忘而化，有如游鱼入海，对万事万物则是：来时不可拒，去时不可止，不必相送也无须相迎，一切顺其自然而已。

> 夫哀莫大于心死，而人死亦次之。
>
> ——《庄子·田子方》

最大的悲哀莫过于心如死灰，而生命的死亡还在其次。人是要有点精神的，比死亡更大的悲哀，是精神上的麻木与愚昧，是心情沮丧、意志消沉到不能自拔。行尸走肉说的就是这种情况。这句话提醒我们，遇到困难一定不要气馁，要有战胜自己心魔的信心，不然将是最大的悲哀！

知足者不以利自累也，审自得者失之而不惧，行修于内者无位而不怍。

——《庄子·让王》

知足的人，不为利禄而奔波劳累；明白自得其乐的人，有所失也不感到忧惧；讲究内心道德修养的人，没有官位也不感到惭愧。知足自得，不逐名位才会超脱。

大寒既至，霜雪既降，吾是以知松柏之茂也。

——《庄子·让王》

大寒季节到了，霜雪降临了，这时候更能显出松树和柏树的茂盛。"松柏之茂"喻君子品德高尚。

不知周之梦为胡蝶与，胡蝶之梦为周与？

——《庄子·齐物论》

不知是庄周在梦里化成了蝴蝶呢，还是蝴蝶在梦里化成了庄周？庄子现身说法，认为梦与觉并无不同，都是道的物化现象。因此，若要齐同物论，首先就必须破除有我之见，而与万物融为一体。

君子之交淡若水，小人之交甘若醴；君子淡以亲，小人甘以绝。

——《庄子·山木》

君子之间的交情，平淡如水，而小人之间的交情，看上去甘甜如酒；君子淡泊而心地亲近，小人甘甜而利断义绝。意思是君子之间的交往，不含任何功利之心。他们的交往纯属友谊，却长久而亲切。小人之间的交往，包含着浓重的功利之心，他们把友谊建立在相互利用的基础上，表面看起来"甘若醴"，如果对方满足不了自己功利的需求时，两人之间的交情很容易断绝，他们之间存在的只是利益。

人生天地之间，若白驹过隙，忽然而已。

——《庄子·知北游》

人生在天地之间，就像透过缝隙看到白马飞驰而过，不过一瞬间罢了。成语"白驹过隙"出自这里。人生短促，切勿浪费。人生在世和世界万物相比不过是短短一瞬间，在还没有好好体会的时候，时间就过去了。所以该珍惜的要珍惜，该放弃的要放弃，不要太执着或者拘泥于一定事物，人活天地间，要得其所，不枉其一生。

　　至人无己，神人无功，圣人无名。

——《庄子·逍遥游》

　　至人泯灭了物我的对立与区别，不再有"我"；神人听应自然，完全抛弃了"功业"的概念；圣人深明事理，完全抛弃了"声名"的桎梏。伟大的人不为自我、功业、声名所累。至人、神人、圣人，是庄子理想中修养最高的人物。"无己"并非没有自我，乃是超越偏执的我，超脱世俗价值所左右的自己。"无功""无名"即是扬弃世俗价值的左右。"至人无己"，即去除形骸、智巧、嗜欲所困住的小我，扬弃世俗价值所拘系的小我，从狭窄的局限中提升出来，而成大我。至人所通向的大我，非生理我，非家庭我，亦非社会我，乃是宇宙我，即是达于天地境界的我，与万物相感通、相融合的我。

庖丁解牛

　　庖丁为文惠君解牛①，手之所触，肩之所倚，足之所履，膝之所踦②，砉然③响然，奏刀騞然④，莫不中音。合于桑林⑤之舞，乃中经首之会⑥。

　　文惠君曰："嘻⑦，善哉！技盖⑧至此乎？"

　　庖丁释刀对曰："臣之所好者道也，进⑨乎技矣。始臣之解牛之时，所见无非牛者。三年之后，未尝见全牛也。方今之时，臣以神遇而不以目视，官知止而神欲行⑩。依乎天理⑪，批大郤⑫，道大窾⑬，因其固然⑭。技经肯綮之未尝⑮，而况大軱⑯乎！良庖岁更刀，割⑰也；族⑱庖月更刀，折⑲也。今臣之刀十九年矣，所解数千牛矣，而刀刃若新发于硎⑳。彼节者有间㉑，而刀刃者无厚；以无厚入有间，恢恢乎㉒其于游刃必有余地矣，是以十九年而刀刃若新发于硎。虽然，每至于族㉓，吾见其难为，怵然㉔为戒，视为止，行为迟。动刀甚微，謋然㉕已解，如土委地㉖。提刀而立，为之四顾，为之踌躇满志，善㉗刀而藏之。"

　　文惠君曰："善哉，吾闻庖丁之言，得养生㉘焉。"

注释

　　①庖（páo）丁：名丁的厨工。先秦古书往往把职业放在人名前。文惠君：梁惠王，也称魏惠

王。解牛：宰牛，这里指把整个牛体开剥分剖。

②踦（yǐ）：指用一条腿的膝盖顶住。

③砉（huā）然：象声词，形容皮骨相离声。

④騞（huō）然：象声词，形容比砉然更大的进刀解牛声。

⑤桑林：传说中商汤王的乐曲名。

⑥经首：传说中尧乐曲《咸池》中的一章。会：音节。以上两句互文，即"乃合于桑林、经首之舞之会"之意。

⑦嘻：赞叹声。

⑧盖：同"盍"，亦即"何"。

⑨进：超过。

⑩官知：这里指视觉。神欲：指精神活动。

⑪天理：指牛体本来的肌理结构。

⑫批：击，劈开。郤：同"隙"。

⑬道：同"导"，顺着。窾（kuǎn）：骨节空穴处。

⑭因：依。固然：指牛体本来的结构。

⑮技经：犹言经络。技：据清俞樾考证，当是"枝"字之误，指支脉。经：经脉。肯：紧附在骨上的肉。綮（qìng）：筋肉接合处。技经肯綮之未尝，即"未尝技经肯綮"，宾语前置。

⑯軱（gū）：股部的大骨。

⑰割：这里指生割硬砍。

⑱族：众，指一般的。

⑲折：用刀折骨。

⑳发：出。硎（xíng）：磨刀石。

㉑节：骨节。间：间隙。

㉒恢恢乎：宽绰的样子。

㉓族：指筋骨交错接合处。

㉔怵（chù）然：警惧的样子。

㉕謋（zhé）然：形容牛体骨肉分离。謋：同"磔"。

㉖委地：散落在地上。

㉗善：拭。

㉘养生：指养生之道。

译文

有一个名叫丁的厨师替梁惠王宰牛，手所接触的地方，肩所靠着的地方，脚所踩着的地方，膝所顶着的地方，都发出皮骨相离声，刀子刺进去时响声更大，这些声音没有不合乎音律的。它竟然同《桑林》《经首》两首乐曲伴奏的舞蹈节奏合拍。

梁惠王说："嘻！好啊！你的技术怎么会高明到这种程度呢？"

庖丁放下刀子回答说："臣下所探究的是事物的规律，这已经超过对宰牛技术的追求。当初我刚开始宰牛的时候，看见的只是整头的牛（对于牛体的结构还不了解）。三年之后，再也看不见整头的牛了（见到的是牛的内部肌理筋骨）。现在宰牛的时候，臣下只是用精神去接触牛的身体就可以了，而不必用眼睛去看，就像感觉器官停止活动了而全凭精神意愿在活动。顺着牛体的肌理结构，劈开筋骨间大的空隙，沿着骨节间的空穴使刀，都是依顺着牛体本来的结构。宰牛的刀从来没有碰过经络相连的地方、紧附在骨头上的肌肉和肌肉结集的地方，更何况股部的大骨呢？技术高明的厨工每年换一把刀，是因为他们用刀子去割肉。技术一般的厨工每月换一把刀，是因为他们用刀子去砍骨头。现在臣下的这把刀已用了十九年，宰牛数千头，而刀口却像刚从磨刀石上磨出来的一样。牛身上的骨节是有空隙的，可是刀刃却并不厚，用这样薄的刀刃刺入有空隙的骨节，那么在运转刀刃时一定宽绰而有余地，因此用了十九年而刀刃仍像刚从磨刀石上磨出来一样。虽然如此，可是每当碰上筋骨交错的地方，我一见那里难以下刀，就十分警惕而小心翼翼，目光集中，动作放慢。刀子轻轻地动一下，哗啦一声骨肉就已经分离，像一堆泥土散落在地上。我提起刀站着，为这一成功而得意地四下环顾，一副悠然自得、心满意足的样子，擦拭好刀，把它收藏起来。"

梁惠王说："好啊！我听了庖丁的话，学到了养生之道啊。"

解析

道家主张既然万事万物皆摆脱不了自然规律而变化，所以人也必须遵照自然规律而生活。道家的终极关怀是于乱世中找寻个人自我救赎、自保全生的方法。

这个寓言故事选自《庄子·内篇·养生主》。它说明世上事物纷繁复杂，但只要反复实践，掌握了它的客观规律，就能得心应手，运用自如。牛的筋骨交错集结就好像纷繁芜杂的社会，庖丁面对交错集结的牛的筋骨能够游刃有余，主要是因为他解牛时能"依乎天理""因其固然"，并持"怵然为戒"的审慎、关注态度。本文旨在阐明保护、蓄养生命之主——精神，提示养生的方法莫过于顺应自然。一切事物都有它的客观规律，只要反复实践，不断积累经验，就能像庖丁一样，认识和掌握事物的规律，做到"游刃有余"。"依乎天理""因其固然"正是顺应自然的表现，在此基础上经过长期刻苦的技术训练，才能超越"官知"的局限，只用道来驾驭技巧，以神驭形，以神遇而不以目视，从而使有法臻于无法，无法而不离于法，达到"合于桑林之舞，乃中经首之会"的自由境界。

文章叙议相间，层次分明。写宰牛时动作之优美，技术之高超，成功后的志得意满等，绘声绘色，引人入胜。语言生动形象，"目无全牛""游刃有余""踌躇满志""切中肯綮""庖丁解牛"等成语，即出自本篇。

逍遥游（节选）

北冥（míng）①有鱼，其名为鲲（kūn）②。鲲之大，不知其几千里也③。化而为鸟，其名为鹏④。鹏之背，不知其几千里也；怒⑤而飞，其翼若垂⑥天之云。是鸟也，海运则将徙（xǐ）于南冥⑦。南冥者，天池⑧也。《齐谐》⑨者，志怪⑩者也。《谐》之言曰："鹏之徙于南冥也，水击⑪三千里，抟（tuán）扶摇而上者九万里⑫，去以六月息者也⑬。"野马⑭也，尘埃⑮也，生物之以息相吹也⑯。天之苍苍，其正色邪？其远而无所至极邪？其视下也，亦若是则已矣⑰。

且夫水之积也不厚，则其负大舟也无力。覆杯水于坳（ào）堂之上⑱，则芥（jiè）⑲为之舟，置杯焉则胶⑳，水浅而舟大也。风之积也不厚，则其负大翼也无力。故九万里，则风斯㉑在下矣，而后乃今培风㉒；背负青天，而莫之夭阏（yāo'è）者㉓，而后乃今将图南㉔。蜩（tiáo）与学鸠笑之曰㉕："我决（xuè）㉖起而飞，抢（qiāng）榆枋（fāng）而止㉗，时则不至，而控㉘于地而已矣，奚以之九万里而南为㉙？"适莽（mǎng）苍者㉚，三餐而反㉛，腹犹果然㉜；适百里者，宿（sù）㉝舂（chōng）粮；适千里者，三月聚粮。之二虫又何知㉞！

小知不及大知㉟，小年不及大年。奚以知其然也？朝菌（jūn）不知晦朔（huì shuò）㊱，蟪蛄㊲不知春秋，此小年也。楚之南有冥灵㊳者，以五百岁为春，五百岁为秋㊴；上古有大椿（chūn）㊵者，以八千岁为春，八千岁为秋，此大年也。而彭祖乃今以久特闻㊶，众人匹之㊷，不亦悲乎！汤之问棘也是已㊸："穷发（fà）㊹之北，有冥海者，天池也。有鱼焉，其广数千里，未有知其修㊺者，其名为鲲。有鸟焉，其名为鹏，背若泰山㊻，翼若垂天之云，抟扶摇羊角㊼而上者九万里，绝㊽云气，负青天，然后图南，且适南冥也。斥鴳（yàn）㊾笑之曰：'彼且奚适也？我腾跃而上，不过数仞㊿而下，翱翔蓬蒿之间，此亦飞之至(51)也。而彼且奚适也？'"此小大之辩(52)也。

故夫知效一官(53)，行比(54)一乡，德合(55)一君，而（néng）征一国者(56)，其自视也亦若此矣。而宋荣子犹然笑之(57)。且举世誉之而不加劝(58)，举世非之而不加沮（jǔ）(59)，定乎内外之分(60)，辩乎荣辱之境(61)，斯已矣。彼其于世，未数（shuò）数（shuò）然(62)也。虽然，犹有未树也。夫列子御风而行(63)，泠（líng）然(64)善也，旬有五日而后反(65)。彼于致福(66)者，未数数然也。此虽(67)免乎行，犹有所待(68)者也。若夫乘天地之正(69)，而御六气之辩(70)，以游无穷者，彼且恶乎待哉(71)？故曰：至人无己(72)，神人无功(73)，圣人无名(74)。

注释

①冥：指海色深黑，一作"溟"。"北冥"，北海。下文"南冥"，指南海。传说北海无边无际，水深而黑。

②鲲：传说中的大鱼。

③之：结构助词，用于主谓之间，取消句子独立性。

④鹏：本为古"凤"字，这里指传说中的大鸟。

⑤怒：奋起的样子，这里指鼓起翅膀。

⑥垂：同"陲"，边际。

⑦海运：海动。古有"六月海动"之说。海运之时必有大风，因此大鹏可以乘风南行。徙：迁移。

⑧天池：天然形成的大海。

⑨《齐谐》：书名。出于齐国，多载诙谐怪异之事，故名"齐谐"。一说人名。

⑩志怪：记载怪异的事物。志：记载。

⑪水击：指鹏鸟的翅膀拍击水面。击：拍打。

⑫抟：回旋而上。一作"搏"（bó），拍。扶摇：一种旋风，又名飙，由地面急剧盘旋而上的暴风。九：表虚数，不是实指。

⑬去：离，这里指离开北海。以：凭借。"去以六月息者也"指大鹏飞行六个月才止息于南冥。一说息为大风，大鹏乘着六月间的大风飞往南冥。

⑭野马：指游动的雾气。古人认为，春天万物生机萌发，大地之上游气奔涌如野马一般。

⑮尘埃：扬在空中的土叫"尘"，细碎的尘粒叫"埃"。

⑯生物：概指各种有生命的东西。息：这里指有生命的东西呼吸所产生的气息。相：互相。吹：吹拂。

⑰苍苍：深蓝。其正色邪：或许是上天真正的颜色？其：抑，或许。正色：真正的颜色。邪：同"耶"，疑问语气词。极：尽。下：向下。亦：也。是：这样。已：罢了。

⑱覆：倾倒。坳：凹陷不平，"坳堂"指堂中低凹处。

⑲芥：小草。

⑳置杯焉则胶：将杯子放于其中则胶着搁浅。置：放。焉：于此。胶：指着地。

㉑斯：则，就。

㉒而后乃今："今而后乃"的倒文，意为"这样，然后才……"。培：凭。

㉓莫之夭阏：无所滞碍。夭：挫折。阏：遏制，阻止。"莫之夭阏"即"莫夭阏之"的倒装。

㉔图南：计划向南飞。

㉕蜩：蝉。学鸠：斑鸠之类的小鸟名。

㉖决：疾速的样子。

㉗抢：触，碰。"抢"也作"枪"。榆枋：两种树名。榆，榆树。枋，檀树。

㉘控：投，落下。

㉙奚以：何以。之：去，到。为：句末语气词，表反问，相当于"呢"。"奚以……为"，即"哪里用得着……呢"。

㉚适：去，往。莽苍：色彩朦胧，遥远不可辨析，本指郊野的颜色，这里引申为近郊。

㉛三餐：指一日。意思是只需一日之粮。反：同"返"，返回。

㉜犹：还。果然：吃饱的样子。

㉝宿：这里指一夜。

㉞之：此，这。二虫：指蜩与学鸠。

㉟知：通“智”，智慧。

㊱朝菌：一种大芝，朝生暮死的菌类植物。晦朔：晦，农历每月的最后一天，朔，农历每月的第一天。一说“晦”指黑夜，“朔”指清晨。

㊲蟪蛄：寒蝉，春生夏死或夏生秋死。

㊳冥灵：大树名。一说为大龟名。

㊴根据前后用语结构的特点，此句之下当有“此中年也”一句，但传统本子均无此句。

㊵大椿：传说中的大树名。一说为巨大的香椿。

㊶彭祖：传说中尧的臣子，名铿，封于彭，活了约八百岁。乃今：而今。以：凭。特：独。闻：闻名于世。

㊷众人：一般人。匹：配，比。

㊸汤：商汤。棘：汤时的贤大夫，《列子·汤问》篇作“夏革（jí）”。已：矣。

㊹穷发：传说中极荒远的不生草木之地。发：指草木植被。

㊺修：长。

㊻泰山：在今山东泰安北。

㊼羊角：一种旋风，回旋向上如羊角状。

㊽绝：穿过。

㊾斥鴳：池沼中的小雀。斥：池，小泽。

㊿仞：古代长度单位，周制为八尺，汉制为七尺；这里应从周制。

(51)至：极点。

(52)小大之辩：小和大的区别。辩：同“辨”，分辨，分别。

(53)效：效力，尽力。此处理解为“胜任”。官：官职。

(54)行（xíng）：品行。比：合。

(55)合：使……满意。

(56)而：通“能”，能力。征：征服。

(57)宋荣子：一名宋钘，宋国人，战国时期的思想家。犹然：喜笑的样子；犹，通“繇”，喜。

(58)举：全。劝：勉励。

(59)非：责难，批评。沮：沮丧。

(60)定：认清。内外：这里分别指自身和身外之物。在庄子看来，自主的精神是内在的，荣誉和非难都是外在的，而只有自主的精神才是重要的、可贵的。

(61)境：界。

(62)数数然：汲汲然，指急迫用世、谋求名利、拼命追求的样子。

(63)列子：郑国人，名叫列御寇，战国时期思想家。御：驾驭。

(64)泠然：轻妙飘然的样子。

(65)旬：十天。有：又。

(66)致福：求福。

(67)虽：虽然。

⑱待：凭借，依靠。

⑲乘：遵循，凭借。天地：这里指万物，指整个自然界。正：本；这里指自然的本性。

⑳御六气之辩：驾驭六气的变化。御：驾驭、把握。六气：指阴、阳、风、雨、晦、明。辩：通"变"，变化的意思。

㉑彼：他。且：将要。恶（wū）：何，什么。

㉒至人：庄子认为修养最高的人。与下文"神人""圣人"义相近。无己：清除外物与自我的界限，达到忘掉自己的境界。即物我不分。

㉓神人：这里指精神世界完全超脱于物外的人。无功：无作为，故无功利。

㉔圣人：这里指思想修养臻于完美的人。无名：不追求名誉地位，不立名。

译文

北方的大海里有一条鱼，它的名字叫作鲲。鲲的体积，真不知道大到几千里；变化成为鸟，它的名字就叫鹏。鹏的脊背，真不知道长到几千里；当它奋起而飞的时候，那展开的双翅就像天边的云。这只鹏鸟呀，随着海上汹涌的波涛迁徙到南方的大海。南方的大海是个天然的大池。《齐谐》是一部专门记载怪异事情的书，这本书上记载说："鹏鸟迁徙到南方的大海，翅膀拍击水面激起三千里的波涛，海面上急骤的狂风盘旋而上直冲九万里高空，离开北方的大海用了六个月的时间方才停歇下来。"春日林泽原野上蒸腾浮动犹如奔马的雾气，低空里沸沸扬扬的尘埃，都是大自然里各种生物的气息吹拂所致。天空是湛蓝湛蓝的，难道这就是它真正的颜色吗？抑或是高旷辽远没法看到它的尽头呢？鹏鸟在高空往下看，不过也就像这个样子罢了。

再说水汇聚不深，它浮载大船就没有力量。倒杯水在庭堂的低洼处，那么小小的芥草也可以给它当作船；而搁置杯子，就粘住不动了，因为水太浅而船太大了。风聚积的力量不雄厚，它托负巨大的翅膀便力量不够。所以，鹏鸟高飞九万里，狂风就在它的身下，然后方能凭借风力飞行，背负青天而没有什么力量能够阻遏它了，然后才像现在这样飞到南方去。寒蝉与斑鸠讥笑它说："我们从地面急速起飞，碰着榆树和檀树的树枝，常常飞不上去而落在地上，为什么要到九万里的高空而向南飞呢？"到郊野去，带上三餐就可以往返，肚子还是饱饱的；到百里之外去，要用一整夜时间准备干粮；到千里之外去，三个月以前就要准备粮食。寒蝉和斑鸠这两个小东西懂得什么？！

小聪明赶不上大智慧，寿命短比不上寿命长。怎么知道是这样的呢？清晨的菌类不会懂得什么是晦朔，寒蝉也不会懂得什么是春秋，这就是短寿。楚国南边有叫冥灵的大龟，它把五百年当作春，把五百年当作秋；上古有叫大椿的古树，它把八千年当作春，把八千年当作秋，这就是长寿。可是彭祖到如今还是以年寿长久而闻名于世，人们与他相比，岂不可悲可叹吗？商汤询问棘的话是这样的："在那草木不生的北方，有一个很深的大海，那就是'天池'。那里有一种鱼，它的脊背有好几千里，没有人能够知道它有多长，它的名字叫作鲲。有一种鸟，它的名字叫鹏，它的脊背像座大山，展开双翅就像天边的云。鹏鸟奋起而飞，翅膀拍击急速旋转向上的气流直冲九万里高空，穿过云气，背负青天，这才向南飞去，打算飞到南方的大海。池沼中的小雀讥笑它说：'它打算飞到哪儿去？我奋力跳起来往上飞，不过几丈高就落了下来，盘旋于蓬蒿丛中，这也是我飞翔的极限了。而它打算飞到什么地方去呢？'"这就是小与大的不同了。

所以，那些才智足以胜任一个官职，品行合乎一乡人心愿，道德能使国君感到满意，能力足以取信一国之人的人，他们看待自己也像是这样哩。而宋荣子却讥笑他们。世上的人们都赞誉他，他不会因此越发努力，世上的人们都非难他，他也不会因此而更加沮丧。他清楚地划定自身与外物的区别，辨别荣誉与耻辱的界限，不过如此而已呀！宋荣子他对于整个社会，从来不急急忙忙地去追求什么。虽然如此，他还是未能达到最高的境界。列子能驾风行走，那样子实在轻盈美好，而且十五天后方才返回。列子寻求幸福时，从来没有急急忙忙的样子。他这样做虽然免除了行走的劳苦，可还是有所依凭呀。至于遵循宇宙万物的规律，把握"六气"的变化，遨游于无穷无尽的境域，他还仰赖什么呢？因此说，道德修养高尚的"至人"能够达到忘我的境界，精神世界完全超脱于物外的"神人"心目中没有功名和事业，思想修养臻于完美的"圣人"从不去追求名誉和地位。

解析

《逍遥游》是《庄子》的首篇，在思想上和艺术上都可作为《庄子》一书的代表。"逍遥游"就是没有任何束缚、自由自在地活动，是庄子哲学思想的一个重要内容。《逍遥游》的主题是追求一种绝对自由的人生观，作者认为，只有忘却物我的界限，达到无己、无功、无名的境界，无所依凭而游于无穷，才是真正的"逍遥游"。在庄子的眼里，客观现实中的一事一物，包括人类本身都是对立而又相互依存的，这就没有绝对的自由。庄子对待生活的态度是，一切顺应自然，"安时而处顺""知其不可奈何而安之若命"。

文章先是通过大鹏与蜩、学鸠等小动物的对比，阐述了"小"与"大"的区别；在此基础上作者指出，无论是不善飞翔的蜩与学鸠，还是能借风力飞到九万里高空的大鹏，甚至是可以御风而行的列子，都是"有所待"而不自由的，从而引出并阐述了"至人无己，神人无功，圣人无名"的道理。全文想象丰富，构思新颖，雄奇怪诞，汪洋恣肆，字里行间洋溢着浪漫主义情怀。

小国寡民

小国寡民①。使②有什伯之器③而不用；使民重死④而不远徙⑤；虽有舟舆⑥，无所乘之；虽有甲兵⑦，无所陈⑧之。使人复结绳⑨而用之。至治之极。甘其食，美其服，安其居，乐其俗⑩，邻国相望，鸡犬之声相闻，民至老死不相往来。

——《道德经·第八十章》

注释

①小国寡民：使国家变小，使人民数量减少。小：使……变小。寡：使……变少。

②使：即使。

③什伯之器：各种各样的器具。什伯：意为极多，多种多样。

④重死：看重死亡，即不轻易冒着生命危险去做事。

⑤徙：迁移、远走。

⑥舆：车子。

⑦甲兵：武器装备。

⑧陈：陈列。此句引申为布阵打仗。

⑨结绳：文字产生以前，人们以绳记事。

⑩甘其食，美其服，安其居，乐其俗：使人民吃得香甜，穿得漂亮，住得安适，过得快乐。

译文

使国家变小，使人民数量减少。即使有各种各样的器具，却并不使用；使人民重视死亡，而不向远方迁徙；虽然有船只车辆，却不必每次坐它；虽然有武器装备，却没有地方去布阵打仗。使人民再回复到远古结绳记事的自然状态之中。国家治理得好极了，使人民吃得香甜，穿得漂亮，住得安适，过得快乐。国与国之间互相望得见，鸡犬叫声都可以听得见，但人民从生到死，也不互相往来。

解析

《小国寡民》选自《道德经》第八十章。《道德经》是春秋时期老子的哲学作品，又称《道德真经》《老子》《五千言》《老子五千文》，共 81 章，是中国古代先秦诸子分家前的一部著作，是道家哲学思想的重要来源。《道德经》是中国历史上最伟大的名著之一，对传统哲学、科学、政治、宗教等产生了深刻影响。据联合国教科文组织统计，《道德经》是除《圣经》以外被译成外国文字发布量最多的文化名著。

小国寡民是老子所描绘的理想社会，它反映了中国古代社会自给自足的生活方式。这是老子理想中的"国家"的一幅美好蓝图，也是一幅充满田园气息的农村欢乐图。老子用理想的笔墨，着力描绘了"小国寡民"的农村社会生活情景，表达了他的社会政治理想。这个"国家"很小，邻国相望，鸡犬之声相闻，大约相当于现在的一个村庄，没有欺骗和狡诈的恶行，民风淳朴敦厚，生活安定恬淡，人们用结绳的方式记事，不会攻心斗智，也就没有必要冒着生命危险远走谋生。老子的这种设想，当然是一种幻想，是不可能实现的。

道德经·第五十一章

道生之，德畜之，物形之，势①成之。是以万物莫不尊道而贵德。道之尊，德之贵，夫莫之命而常自然②。故道生之，德畜之；长之育之，亭之毒之③，养④之覆⑤之。生而不有，为而不恃，长而不宰，是谓玄德⑥。

① 势：万物生长的自然环境。
② 莫之命而常自然：不干涉或主宰万物，而任万物自化自成。
③ 亭之毒之：一本作成之熟之。
④ 养：爱养、护养。
⑤ 覆：维护、保护。
⑥ 玄德：上德。它产生万物而不据为己有，养育万物而不自恃有功。

译文

道生成万事万物，德养育万事万物。万事万物呈现出各种各样的形态，环境使万事万物成长起来。所以，万事万物莫不尊崇道而珍视德。道之所以被尊崇，德之所以被珍视，就是由于道生长万物而不加以干涉，德畜养万物而不加以主宰，顺其自然。因而，道生长万物，德养育万物，使万物生长发展，成熟结果，使其受到抚养、保护。生长万物而不据为己有，抚育万物而不自恃有功，导引万物而不主宰，这就是奥妙玄远的德。

解析

《道德经》第五十一章着重讲"德"的作用。老子在这一章里阐述了"道"以"无为"的方式生养了万物的思想。本章里的"玄德"即"上德"。老子认为，"道"生长万物，"德"养育万物，但"道"和"德"并不干涉万物的生长繁衍，而是顺其自然。"德"是"道"的化身，是"道"在人世间的具体作用。万物成长的过程是：①万物由"道"产生；②"道"生万物之后，又内在于万物，成为万物各自的本性；③万物依据各自的本性而发展个别独特的存在；④周围环境的培养，使各物生长成熟。

本章是生态系统论，讴歌了大自然的无为之德。大自然是和谐有序的，人与自然在本质上应当是一致的。人类在向自然索取生存和发展的物质资料的同时，应当遵循并利用自然规律，绝不能脱离自然规律的轨道去打破人类赖以生存的自然的生态平衡。人类与自然是对立统一的，利己主义的思想文化势必不断加剧人类与自然的矛盾，危及人类自身的生存和发展。老子的道德思想正是追求人与自然的和谐与统一。

浑沌之死

　　南海之帝为倏，北海之帝为忽，中央之帝为浑沌。倏与忽时相与遇于浑沌之地，浑沌待之甚善。倏与忽谋报浑沌之德，曰："人皆有七窍，以视、听、食、息，此独无有，尝试凿之。"日凿一窍，七日而浑沌死。

——《庄子·应帝王篇》

译文

　　南海的大帝名叫倏，北海的大帝名叫忽，中央的大帝名叫浑沌。倏与忽常常相会于浑沌之处，浑沌对待他们十分殷切。倏和忽在一起商量报答浑沌厚重的恩情，说："人人都有眼、耳、口、鼻七个窍孔，用来看、听、吃及呼吸，唯独浑沌没有，我们试着为他凿开七窍。"他们每天凿出一个孔窍，凿了七天，浑沌死了。

解析

　　庄子用"倏""忽"给"浑沌"开窍的故事，比喻人的自我感觉中常常带有不可超越的功利性，也就是说，庄子意在针砭人不能与万物自然相处。庄子主张的浑沌之境，是真朴的自然之道。庄子认为顺应自然是生命真正的归宿和最高境界。庄子用这个故事来表明其"清净无为""顺应自然"的社会政治理想。故事本身启示人们，不论做什么事情，都应该根据实际情况，尊重客观规律，不能只从主观想象和主观意愿出发。

呆若木鸡

　　纪渻子为王养斗鸡。十日而问："鸡已乎？"
　　曰："未也，方虚骄而恃气。"
　　十日又问。曰："未也，犹应响影。"
　　十日又问。曰："未也，犹疾视而盛气。"
　　十日又问。曰："几矣，鸡虽有鸣者，已无变矣。"
　　望之，似木鸡矣，其德全矣，异鸡无敢应者，反走矣。

——《庄子·达生》

译文

纪渻子为宣王饲养斗鸡。十天后，宣王问道："鸡训练完毕了吗?"

纪渻子说："还不行，它正凭着一股血气而骄傲。"

过了十日，宣王又问训练好了没有。纪渻子说："还不行，仍然对别的鸡的啼叫和接近有所反应。"

再过十天，宣王又问，纪渻子说："还不行，仍然气势汹汹地看着（对方）。"

又过了十天，宣王又问。纪渻子说："差不多了，即使别的鸡叫，（斗鸡）已经没有任何反应了。"

宣王去看斗鸡的情况，果然就像木头鸡了，可是它的精神全凝聚在内，别的鸡没有敢应战的，看见它就转身逃走了。

解析

这则故事蕴含着极深刻的内涵：修炼最重要的是达到一种心神合一的精神境界，以这种心境来驾驭一切，才会无懈可击，无坚不摧，无往不胜。能达到这一境界的人，心平气和，以静制动，心不浮，气不躁，大智若愚，实为大器之才。

惠子相梁

惠子相梁，庄子往见之。或谓惠子曰："庄子来，欲代子相。"于是惠子恐，搜于国中三日三夜。庄子往见之，曰："南方有鸟，其名为鹓鶵（yuān chú），子知之乎? 夫鹓鶵发于南海，而飞于北海；非梧桐不止，非练实不食，非醴泉不饮。于是鸱（chī）得腐鼠，鹓鶵过之，仰而视之曰：'吓！'今子欲以子之梁国而吓我邪?"

——《庄子·秋水》

译文

惠施做了梁国的宰相，庄子去看望他。有人对惠子说："庄子到梁国来，想（或就要）取代你做宰相。"所以惠子非常担心，在国都里搜捕了三日三夜。庄子前去见他，说："南方有一种鸟，它的名字叫鹓鶵，你知道它吗? 鹓鶵鸟从南海起飞，飞到北海去，不是梧桐树不栖息，不是竹子的果实不吃，不是甜美的泉水不喝。在这时，一只猫头鹰拾到一只腐臭的老鼠，鹓鶵鸟从它面前飞过，（猫头鹰）仰头看着鹓鶵鸟，发出'吓'的怒斥声。现在你也想用你的梁国（相位）来吓唬我吗?"

解析

《惠子相梁》这篇短文中，庄子将自己比作鹓鹐，将惠子比作鸱，把功名利禄比作腐鼠，表明自己鄙弃功名利禄的立场和志趣，讽刺了惠子醉心于功名利禄且无端猜忌别人的丑态。作为寓言，它给我们的启迪是：在还未了解别人的真实意图，或还未了解事情的真相时，切不可妄加猜忌。

庄子与惠子游于濠梁

庄子与惠子游于濠梁之上。庄子曰："鲦（tiáo）鱼出游从容，是鱼之乐也。"惠子曰："子非鱼，安知鱼之乐？"庄子曰："子非我，安知我不知鱼之乐？"惠子曰："我非子，固不知子矣；子固非鱼也，子之不知鱼之乐全矣！"庄子曰："请循其本。子曰'汝安知鱼乐'云者，既已知吾知之而问我，我知之濠上也。"

——《庄子·秋水》

译文

庄子和惠子一道在濠水的桥上游玩。庄子说："鲦鱼在河水中游得多么悠闲自得，这就是鱼儿的快乐呀。"惠子说："你又不是鱼，怎么知道鱼的快乐？"庄子说："你又不是我，怎么知道我不知道鱼儿的快乐？"惠子说："我不是你，固然就不知道你的想法；你本来就不是鱼，你不知道鱼的快乐，就是可以完全确定的。"庄子说："请从我们最初的话题说起。你说'你是从哪里知道鱼的快乐'等等，既然你已经知道了我知道鱼的快乐却又问我，所以我说我是在濠水的桥上知道的。"

解析

《庄子与惠子游于濠梁》轻松闲适，诗意盎然。一力辩，一巧辩；一求真，一尚美；一拘泥，一超然，让人读后会心一笑而沉思良久。惠子好辩，重分析，对事物有一种寻根究底的认真态度，重在知识的探讨。庄子智辩，重观赏，对外界的认识带有欣赏的态度，将主观的情意发挥到外物上而产生移情通感的作用。如果说惠子带有逻辑家的个性，那么庄子则具有艺术家的风貌。在今天高楼林立田园风光渐离我们视线的时代，我们呼唤庄子精神的回归，我们应当用从容、洒脱、自由、快乐的心去发现生活中的美，让生活多一些诗意。

第二节　无为而治

　　"无为"思想是老子的处世哲学。什么叫"无为"？世俗把它理解为什么事都不做，或者解释为"无所作为"、消极颓废等等。其实这是严重的误解，跟老子的"无为"道德观相去甚远。老子所处的春秋时代，诸侯混乱，统治者强作妄为，贪求无厌，肆意放纵，造成民不聊生。在这种情形下，老子在《道德经》中提出"无为"思想，呼吁为政者要"无为而治"，有管理而不干涉，有君主而不压迫，让人民自我发展、自我完善，人民就能够平安富足，社会自然能够和谐安稳。

内涵概说

　　篆书　　　　　隶书　　　　　草书　　　　　行书　　　　　楷书

　　"无为"思想是由老子在《道德经》中提出的。《道德经》的思想核心是"道"，"道"是无为的。但"道"有规律，以规律约束宇宙间万事万物运行，万事万物均遵循规律。"无为"就是不做任何违反自然规律、有损道德规范、违反社会法则、有害众生的事。它并不是什么都不做，并不是不为，而是含有不妄为、不乱为、顺应客观态势、尊重自然规律的意思。"无为"乃是一种立身处世的态度和方法。

　　引申到治国，"无为而治"即是以制度（可理解为"道"中的规律）治国，以制度约束臣民的行为，臣民均遵守法律制度。老子所说的"无为而治"是以法治国，而非人治；人过多地干预，社会秩序则乱，法治则井然有序。"无为而治"对于帝王个人准则而言，即是清心洞察，知人善任，将合适的人才摆在合适的岗位上，将具体事务分摊给臣下去做，而非事必躬亲。

　　"无为而治"是道家基本的政治主张。"不为物先，不为物后"，顺乎自然以为治。《汉书·艺文志》说：道家的无为政治主张是"君人南面之术"，道出了无为政治的基本精神。"无为而治"的思想在中国古代有很大的影响。

天下皆知美之为美，斯恶已；皆知善之为善，斯不善已。

故有无相生，难易相成，长短相形，高下相倾，音声故相和，先后相随，恒也。

——《道德经·第二章》

天下人都知道美之所以为美，那是由于有丑陋的存在；都知道善之所以为善，那是因为有恶的存在。所以有和无互相转化，难和易互相形成，长和短互相显现，高和下互相充实，音与声互相谐和，前和后互相接随，这是永恒的。

老子认识到，宇宙间的事物都处在运动变化之中，事物从产生到消亡，都是有始有终、经常变化的，宇宙间没有永恒不变的东西。老子在本章里指出，事物都有自身的对立面，都是以对立的方面为自己存在的前提，没有"有"，也就没有"无"，没有"长"，也就没有"短"；反之亦然。这就是中国古典哲学中所谓的"相反相成"。本章所用"相生、相成、相形、相倾、相和、相随"等，是指相比较而存在，相依靠而生成，只是不同的对立概念使用不同的动词。

老子的朴素辩证法，对中国文化的影响是极其深远的。传统文学艺术中有不少体现辩证思维的范畴，就与之有明显的渊源联系。例如"有"与"无"，出自老庄哲学，"有无相生"体现了事物对立统一的辩证关系，实际也体现了艺术创作的辩证关系。后世的作家、艺术家，他们逐步从老庄哲学中引申出了这样一种思想：通过"有声""有色"的艺术，而进入"无声""无色"的艺术深层境界，才是至美的境界。与之相关，"虚"与"实"的概念也应运而生，而"虚实相生"理论也成为中国古代艺术美学中独具特色的理论。

是以圣人居无为之事，行不言之教，万物作而弗始也，为而弗志也，成功而弗居也。

——《道德经·第二章》

因此圣人用无为的观点对待世事，用不言的方式施行教化：听任万物自然兴起而不为其创始，有所施为，但不加自己的倾向，功成业就而不自居。

处于矛盾对立的客观世界，人们应当如何对待呢？老子提出了"无为"的观点。此处所讲的"无为"不是无所作为，随心所欲，而是要以辩证法的原则指导人们的社会生活，帮助人们顺应自然、遵循事物发展的客观规律。他以圣人为例，教导人们要有所作为，但不是强作妄为。

无为不是无所作为，而是要按照自然界"无为"的规律办事。老子非常重视矛盾的对立和转化，他的这一见解，恰好是朴素辩证法思想的具体运用。他幻想着有所谓"圣人"能够依照客观规律，以无为的方式去化解矛盾，促进自然的改造和社会的发展。在这里，老子并非夸大了人的被动性，而是主张发挥人的创造性，像"圣人"那样，用无为的手段达到有为的目的。显然，老子的哲学中有发挥主观能动性，去贡献自己的力量，去成就大众事业的积极进取的因素。

> 不上贤，使民不争；不贵难得之货，使民不为盗；不见可欲，使民不乱。是以圣人之治也，虚其心，实其腹，弱其志，强其骨，恒使民无知、无欲也。
>
> ——《道德经·第三章》

不推崇有才德的人，导使老百姓不互相争夺；不珍爱难得的财物，导使老百姓不去偷窃；不显耀足以引起贪心的事物，导使民心不被迷乱。因此，圣人的治理原则是：排空百姓的心机，填饱百姓的肚腹，减弱百姓的竞争意图，增强百姓的筋骨体魄，经常使老百姓没有智巧，没有欲望。

在本章里，老子透露出他的人生哲学的出发点，他既不讲人性善，也不讲人性恶，而是说人性本来是纯洁素朴的，犹如一张白纸。如果社会出现尚贤的风气，人们对此当然不会视而不见，肯定会挑起人们的占有欲、追逐欲，从而导致天下大乱。倘若不使人们看到可以贪图的东西，那么人们就可以保持"无知无欲"的纯洁本性。

不使人们有贪欲，并不是要剥夺人们的生存权利，而是要尽可能地"实其腹""强其骨"，使老百姓的生活得到温饱，身体健壮，可以自保自养；此外要"虚其心""弱其志"，使百姓们没有盗取利禄之心，没有争强好胜之志，这样做，就顺应了自然规律，就做到了无为而治。这一章从社会的角度，主张人人都回归纯洁的、无知无欲的自然本性。这样以自然规律治理人事，天下自然可以得到治理。

> 使夫知不敢、弗为而已，则无不治矣。
>
> ——《道德经·第三章》

致使那些有才智的人也不敢妄为造事，圣人按照"无为"的原则去做，办事顺应自然，那么，天下就不会不太平了。

所谓"无为之治"，并不是无所为，而是强调人的社会行为要顺应自然，适应"道"的运动。李约瑟把这种行为方式解释为"抑制违反自然的行动"。具体来讲，就是要求统治者给老百姓宽松的生活和生产的环境，不强作干预，以顺应自然。老百姓在这种怡然自得的生活环境里，无苛政之苦，无重税之忧，自然会感受到这种政策的好处，从而起到"不言之教"的教化作用。

天地不仁，以万物为刍狗；圣人不仁，以百姓为刍狗。天地之间，其犹橐（tuó）籥（yuè）乎？虚而不屈，动而愈出。多言数穷，不如守中。

——《道德经·第五章》

天地是无所谓仁慈的，它没有仁爱，对待万事万物就像对待刍狗一样，任凭万物自生自灭。圣人也是没有仁爱的，也同样像对待刍狗那样对待百姓，任凭人们自作自息。天地之间，岂不像个风箱一样吗？它空虚而不枯竭，越鼓动，风就越多，生生不息。政令繁多反而更加使人困惑，更行不通，不如保持虚静。

这一章从反对"有为"的角度出发，谈论的仍是"无为"的道理。天地不仁，表明天地是一个物理的、自然的存在，并不具有人类的理性和感情；万物在天地之间依照自然法则运行，并不像有神论者所想象的那样，以为天地自然法则对某物有所偏爱，或对某物有所嫌弃，其实这只是人类感情的投射作用。这一见解，表现了老子反对鬼神术数的无神论思想，是值得重视的进步思想。从"无为"推论下去，无神论是符合逻辑的必然结果。他认为天地是无为的，自然界的一切事物，只需依照自然界的发展规律生长变化，不需任何主宰者驾临于自然之上来加以命令和安排。

老子通过两个比喻想要说明的问题是："多言数穷，不如守中。"政令繁苛，只会加速其败亡，不如保持虚静状态。这里所说的"中"，不是中正之道，而是虚静。儒家所指的"中"，是中正、中庸、不偏不倚的意思，老子讲的这个"中"，还含有"无为"的意思。即用很多强制性的言辞法令来强制人民，很快就会遭到失败，不如按照自然规律办事，虚静无为，万物反而能够生化不竭。有为，总不会有好的结果，这是老子在本章最后所提出的警告。

上善若水。水善利万物而不争，处众人之所恶，故几乎道。居，善地；心，善渊；与，善仁；言，善信；政，善治；事，善能；动，善时。夫唯不争，故无尤。

——《道德经·第八章》

上善的人好像水一样。水善于滋润万物而不与万物相争，停留在众人都不喜欢的地方，所以最接近于"道"。居处善于选择地方，心胸善于保持沉静，待人善于真诚、友爱和无私，说话善于恪守信用，为政善于精简处理，能把国家治理好，处事善于发挥所长，行动善于把握时机。上善的人所作所为正因为有不争的美德，所以没有过失，也就没有怨咎。

老子认为品德高尚者的品格像水那样，一是柔，二是停留在卑下的地方，三是滋润万物而不与之争。最完善的人格也应该具有这种心态与行为，不但做有利于众人的事情而不与之争，而且还愿意去众人不愿去的卑下的地方，愿意做别人不愿做的事情。他可以忍辱负重，任劳任怨，能尽其所能地贡献自己的力量去帮助别人，而不会与别人争功争名争利，这就是老子"善利万物而不争"的著名思想。

致虚极，守静笃；万物并作，吾以观复。夫物芸芸，各复归其根。归根曰静，静曰复命。复命曰常，知常曰明。不知常，妄作凶。知常容，容乃公，公乃全，全乃天，天乃道，道乃久，没身不殆。

——《道德经·第十六章》

尽力使心灵的虚寂达到极点，使生活清静坚守不变。万物都一齐蓬勃生长，我从而考察其往复的道理。那万物芸芸，各自返回它的本根。返回到它的本根就叫作清静。清静就叫作复归于生命。复归于生命就叫自然，认识了自然规律就叫作聪明，不认识自然规律的轻妄举止，往往会出乱子和灾凶。认识自然规律的人是无所不包的，无所不包就会坦然公正，公正就能周全，周全才能符合自然的道，符合自然的道才能长久，终生不会遇到危险。

太上，不知有之；其次，亲而誉之；其次，畏之；其次，侮之。信不足焉，有不信焉。悠兮，其贵言。功成事遂，百姓皆谓"我自然"。

——《道德经·第十七章》

最好的统治者，人民并不知道他的存在；其次的统治者，人民亲近他并且称赞他；再次的统治者，人民畏惧他；更次的统治者，人民轻蔑他。统治者的诚信不足，人民才不相信他。最好的统治者是多么悠闲，他很少发号施令，事情办成功了，老百姓说"我们本来就是这样的"。

老子提出了自己的政治思想主张，他把统治者按不同情况分为四种，其中最好的统治者是人民不知道他的存在，最坏的统治者是被人民所轻侮，处于中间状况的统治者是老百姓亲近并称赞他，或者老百姓畏惧他。老子理想中的政治状况是：统治者具有诚朴信实的素质，他悠闲自在，很少发号施令。政府只是服从于人民的工具而已，人民和政府相安无事，各自过着安闲自适的生活。

夫唯不争，故天下莫能与之争。古之所谓"曲则全"者，岂虚言哉？

诚全而归之。

——《道德经·第二十二章》

　　正因为不与人争，所以遍天下没有人能与他争。古时所谓"委曲便会保全"的话，怎么会是空话呢？它实实在在能够达到。

　　普通人所看到的只是事物的表象，看不到事物的实质。老子从自己丰富的生活经验中总结出带有智慧的思想，给人们以深深的启迪。生活在现实社会的人们，不可能做任何事情都一帆风顺，极有可能遇到各种困难。在这种情况下，老子告诉人们，可以先采取退让的办法，等待，静观以待变，然后再采取行动，从而达到自己的目标。

　　善行，无辙迹；善言，无瑕谪；善数，不用筹策；善闭，无关楗而不可开；善结，无绳约而不可解。

——《道德经·第二十七章》

　　善于行走的，不会留下辙迹；善于言谈的，不会发生病疵；善于计数的，用不着竹码子；善于关闭的，不用栓销而使人不能打开；善于捆缚的，不用绳索而使人不能解开。

　　这是对"自然无为"思想的引申。重在要求人们尤其是圣人要恪守"无为而治"的原则，说明有道者顺应自然以待人接物，更表达了有道者无弃人无弃物的心怀。老子用"善行""善言""善数""善闭""善结"作比喻，说明人只要善于行不言之教，善于处无为之政，顺应自然，不必花费太大的气力，就有可能取得很好的效果，并且无可挑剔。

　　将欲取天下而为之，吾见其不得已。天下神器，不可为也，不可执也。为者败之，执者失之。是以圣人无为，故无败；无执，故无失。

——《道德经·第二十九章》

　　有人想要夺取天下而治理它，我看他不会达到目的。天下神圣的东西，不能勉强作为，不能用力把持。勉强作为就会失败，用力把持就会丢失。因此圣人从不妄自作为，所以不会失败；从不强行把持，所以不会失去。

　　此章可以看作老子论"无为"之治，是对"有为"之政所提出的警告，即"有为"必然招致失败。"有为"就是以自己的主观意志去做违背客观规律的事，或者把天下据为己有。事实上，老子所讲的"无为"，并不是无所作为，也不是在客观现实面前无能为力。他在这里是说，如果以强力而有所作为或以暴力统治人民，都将是自取灭亡。世间无论人或物，都有各自的秉性，其间的差异性和特殊性是客观存在的，不要以自己的主张意志强加于人，而采取某些强制措施。理想的统治者往往能够顺应自然，不强制，不苛求，因势利导，遵循客观规律。

知人者智，自知者明。胜人者有力，自胜者强。知足者富，强行者有志，不失其所者久，死而不亡者寿。

——《道德经·第三十三章》

能了解、认识别人叫作智慧，能认识、了解自己才算聪明。能战胜别人是有力的，能克制自己的弱点才算刚强。知道满足的人才富有，坚持力行、努力不懈的就是有志。不离失本分的人就能长久不衰，身虽死而"道"仍存的，才算真正的长寿。

中国有一句话，叫"人贵有自知之明"。这句话的最早表述者，就是老子。"自知者明"，就是说能清醒地认识自己、对待自己，这才是最聪明的，最难能可贵的。在老子看来，"知人""胜人"十分重要，但是"自知""自胜"更加重要。他认为，一个人倘若能省视自己，坚定自己的生活信念，并且切实推行，就能够保持旺盛的生命力和饱满的精神风貌。

道常无为而无不为。侯王若能守之，万物将自化。化而欲作，吾将镇之以无名之朴。镇之以无名之朴，夫亦将不欲。不欲以静，天下将自定。

——《道德经·第三十七章》

道永远是顺应自然而无所作为的，却又没有什么事情不是它所作为的。侯王如果能按照"道"的原则为政治民，万事万物就会自我化育、自生自灭而得以充分发展。自生自长而产生贪欲时，我就要用"道"来镇住它。用"道"的真朴来镇服它，就不会产生贪欲之心了。万事万物没有贪欲之心了，天下便自然而然会稳定、安宁。

"无为"的思想在老子《道德经》中有过多次阐述、解释。本章开头第一句即是"道常无为而无不为"。老子的道不同于任何宗教的神，神是有意志的、有目的的，而"道"则是非人格化的，它创造万物，但又不主宰万物，顺应自然万物的繁衍、发展、淘汰、新生，所以"无为"实际上是不妄为、不强为。这样做的结果，当然是无不为了。第二句便引入人类社会，谈到"道"的法则在人类社会的运用。老子根据自然界的"道常无为而无不为"，要求"侯王若能守之"，即在社会政治方面，也要按照"无为而无不为"的法则来实行，从而导引出"化而欲作，吾将镇之以无名之朴"的结论。老子认为，理想的执政者，只要恪守"道"的原则，就会实现"天下将自定"这样的理想社会。这里所说的"镇",有人解释为"镇压",并据此认为老子在这章中露出了暴力镇压人民的面目:谁要敢闹事,那就要严厉加以镇压。这种解释,我们感到有悖于老子的原意,"镇压"应当是"镇服""镇定"的意思,绝非武力手段的"镇压"。由此,我们也认为,老子并不是代表奴隶主统治阶级的要求,而是从人类社会发展进步的角度考虑问题,并不是仅仅代表某一个阶级或阶层的利益和意愿。这表现出老子内心深沉的历史责任感,因而是进步的、积极的。

　　天下之至柔,驰骋天下之至坚。无有入无间,吾是以知无为之有益。不言之教,无为之益,天下希及之。

——《道德经·第四十三章》

　　天下最柔弱的东西,腾越穿行于最坚硬的东西中。无形的力量可以穿透没有间隙的东西,我因此认识到"无为"的益处。"不言"的教导,"无为"的益处,普天下少有能赶上它的了。

　　本章申述"柔之胜刚,弱之胜强"的"是谓微明"之术。讲了柔弱可以战胜刚强的原理,又讲了"不言"的教诲、"无为"的益处。此意贯穿于老子《道德经》的全书之中。他指出,最柔弱的东西里面,蓄积着人们看不见的巨大力量,使最坚硬的东西无法抵挡。"柔弱"发挥出来的作用,在于"无为"。水是最柔的东西,但它却能够穿山透地,所以老子以水来比喻"柔能胜刚"的道理。

　　"贵柔"是《道德经》的基本观念之一,"柔弱"是"道"的基本表现和作用,它实际上已不局限于与"刚强"相对立的狭义含义,而成为《道德经》概括一切从属的、次要的方面的哲学概念。老子认为,"柔弱"是万物具有生命力的表现,也是真正有力量的象征。如果我们深入一个层次去考虑问题,就会发现老子要突出的是事物转化的必然性。他并非一味要人"守柔""不争",而是认为"天下之至柔,驰骋天下之至坚",即柔弱是可以战胜刚强的。这是深刻的辩证法的智慧,因此,发现"柔弱"方面的意义是老子的重大贡献。

　　为学日益,为道日损,损之又损,以至于无为。无为而无不为,取天下常以无事;及其有事,不足以取天下。

——《道德经·第四十八章》

　　求学的人,其知见一天比一天增加;求道的人,其智巧则一天比一天减少。减少又减少,到最后以至于"无为"的境地。如果能够做到无为,即不妄为,任何事情都可以有所作为。治理国家的人,要经常以不骚扰人民为治国之本,如果经常以繁苛之政扰害民众，那就不配治理国家了。

本章讲"为学"和"为道"的问题。他先讲"为学"，是求外在的经验知识，经验知识愈积累愈多。老子轻视外在的经验知识，认为这种知识掌握得越多，私欲妄见也就层出不穷，"为道"和"为学"就不同一。它是透过直观体悟以把握事物未分化的状态，它不断地除去私欲妄见，使人日渐返璞归真，最终达到"无为"的境地。这一章所讲的"为学"是反映"政教礼乐之学"，老子认为它足以产生机智巧变。只有"清静无为"、没有私欲妄见的人才可以治理国家，因而，老子希望人们走"为道"的路子。

圣人常无心，以百姓之心为心。善者，吾善之；不善者，吾亦善之，德善。信者，吾信之；不信者，吾亦信之，德信。

——《道德经·第四十九章》

圣人常常是没有私心的，以百姓的心为自己的心。对于善良的人，我善待他；对于不善良的人，我也善待他，这样就可以得到善良了，从而使人人向善。对于守信的人，我信任他；对于不守信的人，我也信任他，这样就可以得到诚信了，从而使人人守信。

文中所讲的"圣人"，是老子理想中的执政者。老子认为，理想的执政者没有私心，以百姓之心为心，使人人守信、向善。老子把以"道"治天下的希望寄托于一个理想的"圣人"，在他的治理下，人人都回复到婴儿般纯真的状态，以养以长自己。

知者不言，言者不知。塞其兑，闭其门；挫其锐，解其纷；和其光，同其尘，是谓玄同。

——《道德经·第五十六章》

聪明的智者不多说话，而到处说长论短的人就不是聪明的智者。塞堵住嗜欲的孔窍，关闭住嗜欲的门径；挫去人们的锋芒，解脱他们的纷争；收敛他们的光耀，混同他们的尘世，这就是深奥的玄同。

老子要求人们要加强自我修养，排除私欲，不露锋芒，超脱纷争，混同尘世，不分亲疏、利害、贵贱，以开阔的心胸与无所偏的心境去对待一切人和物，如此，天下便可以大治。

治大国，若烹小鲜，以道莅天下，其鬼不神。非其鬼不神，其神不伤人。非其神不伤人，圣人亦不伤人。夫两不相伤，故德交归焉。

——《道德经·第六十章》

治理大国，好像煎烹小鱼。用"道"治理天下，鬼神起不了作用。不是鬼不起作用，而是鬼怪的作用伤不了人。不但鬼的作用伤害不了人，圣人有道也不会伤害人。这样，鬼神和有道的圣人都不伤害人，所以，就可以让人民享受到德的恩泽。

这句话喻示为政的关键在于安静无为，不扰害百姓，否则，灾祸就要来临。要保证国家的平安，执政者就必须小心谨慎，认真严肃，不能以主观意志随意左右国家政治。这句话用极其形象、简洁的语言概括了这个极其复杂的治国谋略。如果以个人的主观愿望去改变社会，朝令夕改，朝三暮四，忽左忽右，老百姓就会无所适从，国家就会动乱不安。相反，如果国家制定的政策法令能够得到坚定不移的贯彻执行，就会收到富国强兵之效。如此，则一切外在的力量都不至于产生祸乱。

江海之所以能为百谷王者，以其善下之，故能为百谷王。是以圣人欲上民，必以言下之；欲先民，必以身后之。

——《道德经·第六十六章》

江海之所以能够成为百川河流所汇聚的地方，乃是由于它善于处在低下的地方，所以能够成为百川之王。因此，圣人要领导人民，必须用言辞对人民表示谦卑，要想领导人民，必须把自己的利益放在他们的后面。

本章讲的是"不争"的政治哲学。老子通过江海与百谷国的关系，讲了"大者宜为下"的道理，也讲了"圣人"也要"为下"。他认为，统治者应该处下、居后，这样才能对百姓宽厚、包容，就好像居处于下游的江海可以包容百川之水那样。

善为士者，不武；善战者，不怒；善胜敌者，不与；善用人者，为之下。是谓不争之德，是谓用人之力，是谓配天古之极。

——《道德经·第六十八章》

善于带兵打仗的将帅，不逞其勇武；善于打仗的人，不轻易发怒；善于胜敌的人，不与敌人正面冲突；善于用人的人，对人表示谦卑。这叫作不与人争的品德，这叫作运用别人的能力，这叫作符合自然的道理。

战争是国力、人力的较量，也是智慧的较量。"武""怒"是军事指挥者暴烈、失去理智的表现。一旦"怒"上心头，就会不冷静，也就不能客观地分析、研究敌我双方的优与劣，而以主观臆断和愤怒的情绪代替客观实际，这种状况将给国家和军队带来极大危害和灾难。这样的事例在古今中外的战争史上比比皆是。军事上如此，人生亦然。遇事不急躁、不冲动，平心静气地认真思考，细心分辨客观现象，就可找到问题的症结，从而得出正确的解决方法。

道德经·第五十七章

　　以正①治国，以奇②用兵，以无事取天下③。吾何以知其然哉？以此④：天下多忌讳⑤，而民弥贫；人⑥多利器⑦，国家滋昏；人多伎巧⑧，奇物⑨滋起；法令滋彰，盗贼多有。故圣人云："我无为，而民自化⑩；我好静，而民自正；我无事，而民自富；我无欲，而民自朴。"

　　①正：此处指无为、清静之道。

　　②奇：奇巧、诡秘。

　　③取天下：治理天下。

　　④以此：此，指下面一段文字。"以此"即"以下面这段话为根据"。

　　⑤忌讳：禁忌、避讳。

　　⑥人：一本作"民"，一本作"朝"。

　　⑦利器：锐利的武器。

　　⑧人多伎巧：人们的伎巧很多。伎巧：指技巧，智巧。

　　⑨奇物：邪事、奇事。

　　⑩我无为，而民自化：我无为而人民就自然顺化了。自化：自我化育。

译文

　　以无为、清静之道去治理国家，以奇巧、诡秘的办法去用兵，以不扰害人民而治理天下。我怎么知道是这种情形呢？根据就在于此：天下的禁忌越多，而老百姓就越陷于贫穷；人民的锐利武器越多，国家就越陷于混乱；人们的技巧越多，邪风怪事就越闹得厉害；法令越是森严，盗贼就越是不断地增加。所以有道的圣人说，我无为，人民就自我化育；我好静，人民就自然端正；我无所事事，人民就自然富足；我没有私欲，而人民就自然淳朴。

解析

　　老子已将天道自然的思想推之于人道，提出了"无为而治"的思想。在本章里，老子以"天下多忌讳，而民弥贫；人多利器，国家滋昏；人多伎巧，奇物滋起；法令滋彰，盗贼多有"反证应以"无事取天下"，借"圣人"之言，长言无为之治，章法井然。老子生活的时代，社会动乱不安，严峻的现实使他感到统治者依仗权势、武力，肆意横行，为所欲为，造成天下"民弥贫""国家滋昏""盗贼多有"的混乱局面，所以他提出了"无为""好静""无事""无欲"的治国方案。

道德经·第六十三章

　　为无为，事无事，味无味①。大小多少②。报怨以德③。图难于其易，为大于其细；天下难事，必作于易；天下大事，必作于细。是以圣人终不为大④，故能成其大。夫轻诺必寡信，多易必多难。是以圣人犹难之，故终无难矣。

 注释

　　①为无为，事无事，味无味：此句意为把无为当作为，把无事当作事，把无味当作有味。

　　②大小多少：大生于小，多起于少。另一解释是大的看作小，小的看作大，多的看作少，少的看作多。还有一说是，去其大，取其小，去其多，取其少。

　　③报怨以德：此句当移至第七十九章"必有余怨"句后，故此处不译。

　　④不为大：是说有道的人不自以为大。

译文

　　以无为的态度去有所作为，以不滋事的方法去处理事务，把恬淡无味当作有味。大生于小，多起于少。处理问题要从容易的地方入手，实现远大要从细微的地方入手。天下的难事，一定从简易的地方做起；天下的大事，一定从微细的部分开端。因此，有道的圣人始终不贪图大贡献，所以才能做成大事。那些轻易说出诺言的，必定很少能够兑现；把事情看得太容易，势必遇到很多困难。因此，有道的圣人总是看重困难，所以最终就没有困难了。

解析

　　老子理想中的"圣人"对待天下，都是持"无为"的态度，也就是顺应自然的规律去"为"，所以叫"为无为"。把这个道理推及人类社会的通常事务，就是要以"无事"的态度去办事。因此，所谓"无事"，就是希望人们从客观实际情况出发，一旦条件成熟，水到渠成，事情也就做成了。这里，老子不主张统治者依据主观意志发号施令，强制推行什么事。"味无味"是以生活中的常情去比喻，这个比喻是极其形象的：人要知味，必须首先从尝无味开始，把无味当作有味，这就是"味无味"。接下来，老子又说，"图难于其易"。这是提醒人们处理艰难的事情时，须先从细易处着手。面临着细易的事情，却不可轻心。"难之"，这是一种慎重的态度，缜密地思考，细心而为之。本章格言，对于任何人来讲，无论行事还是求学，都是不移的至理。这也是一种朴素辩证的方法论，暗合着对立统一的法则，隐含着由量变到质变的飞跃的法则。同时，我们也看到，本章的"无为"并不是讲人们无所作为，而是以"无为"求得"无不为"，老子说"是以圣人终不为大，故能成其大"，这正是从方法论方面说明老子的确是主张以无为而有所作为的。

庄子·外篇·至乐（节选）

天下是非果未可定也。虽然，无为可以定是非。至乐活身，唯无为几存。请尝试言之。天无为以之①清，地无为以之宁，故两无为相合，万物皆化。芒乎芴乎②，而无从出乎！芴乎芒乎，而无有象乎！万物职职③，皆从无为殖。故曰天地无为也而无不为也，人也孰能得无为哉！

①以之：因此。

②芒（máng）芴（wù）：恍惚，含有不可捉摸的意思。

③职职：繁多的样子。

译文

天下的是非果真是未可确定的。虽然如此，无为的观点和态度可以确定是非。最大的快乐是使自身存活，而唯有无为算是最接近于使自身存活的了。请让我说说这一点。苍天无为因而清虚明澈，大地无为因而浊重宁寂，天与地两个无为相互结合，万物就能变化生长。恍恍惚惚，不知道万物从什么地方产生出来！惚惚恍恍，万物似乎没有一点儿痕迹！万物繁多，全从无为中繁衍生殖。所以说，天和地自清自宁无心去做什么却又无所不生无所不做，而人又有谁能够做到无为呢！

解析

庄子通过对宇宙天地、自然世界的观察，悟到自然界的运行和相互作用都是自然而然、和谐有序的，这种和谐有序的自然运动，也就是目的的实现。山高水深，四时运行，春去秋来，万物生长，也都是自然而然、和谐有序的。宇宙天地并没有苦心劳力，却生长化育着自然万物。庄子从中悟出，合乎本真本然的自然之道，才能和谐发展；顺从本真本然的自然之道，才能达到目的；人类社会也应该像自然界一样，实行自然无为之道。

庄子·逍遥游（节选）

肩吾问于连叔曰①："吾闻言于接舆②，大而无当③，往而不反④。吾惊怖其言。犹河汉而无极也⑤；大有迳庭⑥，不近人情焉。"连叔曰："其言谓何哉?"曰："藐姑射之山⑦，有神人居焉。肌肤若冰雪，淖约若处子⑧，不食五谷，吸风饮露，乘云气，御飞龙，而游乎四海之外；其神凝⑨，使物不疵疠⑩而年谷熟。吾以是狂而不信也⑪。"

注释

①肩吾、连叔：旧说皆为有道之人，实是庄子为表达的需要而虚构的人物。

②接舆：楚国的隐士，姓陆名通，接舆为字。

③当（dàng）：底，边际。

④反：同"返"。

⑤河汉：银河。极：边际，尽头。

⑥迳：同"径"，门外的小路。庭：堂外之地。"迳庭"连用，这里喻指差异很大。成语"大相径庭"出于此。

⑦藐（miǎo）：遥远的样子。姑射（yè）：传说中的山名。

⑧淖（chuò）约：同"绰约"，柔弱、美好的样子。处子：处女。

⑨凝：指神情专一。

⑩疵疠（lì）：疾病。

⑪以：认为。狂：通"诳"，虚妄之言。信：真实可靠。

译文

肩吾向连叔求教："我从接舆那里听到谈话，大话连篇没有边际，一说下去就回不到原来的话题上。我十分惊恐他的言谈，就好像天上的银河没有边际，跟一般人的言谈差异甚远，确实是太不近情理了。"连叔问："他说的是些什么呢?"肩吾转述道："在遥远的姑射山上，住着一位神人，皮肤润白像冰雪，体态柔美如处女，不食五谷，吸清风饮甘露，乘云气驾飞龙，遨游于四海之外。他的神情那么专注，使得世间万物不受病害，年年五谷丰登。我认为这全是虚妄之言，一点也不可信。"

解析

庄子借这个故事告诉统治者"无为而治"的最高境界：不吃五谷，吸风饮露，乘着云气，驾着飞龙，遨游于四海之外；她精神宁静，使万物繁茂，五谷丰登。这其实是暗示统治者不应该蚕食百姓的劳动成果，应该顺应万民，心胸开阔，精神高尚，而不是执着于"有为"的现实功利；也不是打着"有为"治天下的口号在"有为"之中为自己牟私利，在"治"当中争权夺利。统治者规定的许多政策措施，其实都是为了满足自己的私欲和权力的膨胀。这些"有为"实际上是扰民、害民，所谓的"有为"已经异化。

从表面上看，庄子的理想社会是一种退化，是无所作为的乌托邦理想，但是从庄子所处的时代背景看，这是庄子对历史以及现实的复杂和混乱进行深刻的反省，以及经历刻骨铭心的痛楚之后对人类之初原始人性的质朴和善良回归的一种呼唤，对原始生活的和平向往。如果庄子没有对人生、对社会的热爱，又怎么会如此深刻地去反思当时社会的种种弊端，去描述理想中的"至德之治"和"至德之国"？他一再强调"天人合一"、遵循自然、顺应民心的统治方式，这实在不是庄子的所谓无为的冷漠，而是对人生、社会积极热切的关注和以独特方式发出的呼吁。

庄子·人间世（节选）

山木自寇也①，膏火自煎也②。桂③可食，故伐之；漆可用，故割之。人皆知有用之用，而莫知无用之用也。

①寇：侵犯，掠夺。"自寇"意思是自行砍伐。

②膏：油脂。"自煎"意思是自取熔煎。

③桂：树名，其皮可作香料。

译文

山上的树木皆因自身材质可用而招致砍伐，油脂燃起烛火皆因可以燃烧照明而自取熔煎。桂树皮芳香可以食用，因而遭到砍伐；树漆因为可以派上用场，所以遭受刀斧割裂。人们都知道有用的用处，却不懂得无用的更大用处。

解析

本段着力表达"无用"之为有用，最后一句"人皆知有用之用，而莫知无用之用"，便是整个部分的结语。由世事艰难推出了"无用"之用的观点，"无用"之用正是"虚以待物"的体现。"无用"之用决定了庄子"虚无"的人生态度，但也充满辩证法，有用和无用是客观的，但也是相对的，而且在特定环境里还会相互转化。

庄子所说的"无用"，不过是告诉我们，天地万物都有它的自然生长特点，都有它存在的道理和规律，只要遵循它的自然规律，我们的人生就可以像庖丁用了整整十九年却越用越新、越用越锋利的牛刀一样。这样看似"无为"的人生实际上是在平凡中创造不平凡，在平凡中享受生命的快乐和逍遥，在平凡中体悟生命的意义！

萧规曹随

　　惠帝二年，萧何卒，参闻之，告舍人趣治行："吾将入相。"居无何，使者果召参。参始微时，与萧何善，及为将相，有郤。至何且死，所推贤唯参。

　　参代何为汉相国，举事无所变更，一遵萧何约束。择郡国史：木诎于文辞，重厚长者，即召除为丞相史；吏之言文刻深、欲务声名者，辄斥去之。

　　日夜饮醇酒。卿大夫已下吏及宾客见参不事事，来者皆欲有言。至者，参辄饮以醇酒，间之，欲有所言，复饮之，醉而后去，终莫得开说，以为常。相舍后园近吏舍。吏舍日饮歌呼，从吏恶之，无如之何，乃请参游园中。闻吏醉歌呼，从吏幸相国召案之，乃反取酒张坐饮，亦歌呼与相应和。参见人之有细过，专掩匿覆盖之，府中无事。

　　参子窋为中大夫。惠帝怪相国不治事。窋既洗沐归，间侍，自从其所谏参。参怒，而答窋二百，曰："趣入侍，天下事非若所当言也。"至朝时，惠帝让参曰："与窋胡治乎？乃者我使谏君也。"参免冠谢曰："陛下自察圣武孰与高帝？"上曰："朕乃安敢望先帝乎！"曰："陛下观臣能孰与萧何贤？"上曰："君似不及也。"参曰："陛下言之是也。且高帝与萧何定天下，法令既明，今陛下垂拱，参等守职，遵而勿失，不亦可乎？"惠帝曰："善，君休矣！"

——《史记·曹相国世家》

译文

　　惠帝二年，萧何死了，曹参听说这个消息，告诉舍人："赶快治办行装，我将要进入国都当相国。"待了没有几天，使臣果然召曹参回去。曹参当初地位卑微时，跟萧何友好，等到做了将军、相国，两人有了隔阂。萧何将死的时候，所推荐的贤相只有曹参。

　　曹参接替萧何做汉朝的相国，所有事务都没有改变，完全遵守萧何制定的规约。选拔郡和封国的官吏：呆板而言语钝拙、忠厚的长者，就召来任命为丞相史；说话雕琢、严酷苛刻、竭力追求名声的官吏，就斥退赶走他。

　　（曹参）日夜喝醇厚的酒。卿大夫以下的官吏和宾客见到曹参不做事，来的人都想说话。来到的人，曹参就把醇厚的酒给他们喝，一有空，官员们想要有话说，曹参又让他们喝酒，喝醉以后才离开，始终不能进说，认为这是常规。相国官邸的后园靠近官员的住处。官员每天饮酒唱歌呼喊，曹参的随从侍吏厌恶他们，但不能对他们怎么样，就请曹参到园中游玩。听见官员酒醉唱歌呼喊，随从侍吏希望相国召来他们制止他们，曹参竟反而取来酒设座唱起来，也唱歌呼喊跟他们彼此呼应唱和。曹参见到别人有小过错，一心给隐瞒遮盖，相府中没发生过事。

　　曹参的儿子曹窋任中大夫，惠帝责怪相国不治理国事。曹窋休假（洗沐：古时指官员休假）以后回去了，乘机进言，按照惠帝的话劝谏曹参。曹参愤怒，用竹板打了曹窋二百下，说："赶快入朝侍奉皇帝，天下的事不是你应当谈论的。"到了朝拜时，惠帝责备曹参说："为什么处罚曹窋呢？先前是我让他劝谏你的。"曹参摘下帽子谢罪说："陛下自己考察和高皇帝比哪一个圣明英武？"皇上说："我怎么敢与先帝比呢！"曹参又说："陛下看我的能力和萧何比哪一个更强？"皇上说："你好像赶不上萧何。"曹参说："陛下说得正确。况且高皇帝和萧何平定天下，法令已经明确，现在陛下垂衣拱手（指无为而治），我这样一类人恪守职责，遵循前代之法不要丢失，不也可以吗？"惠帝说："好，你歇着去吧。"

解析

　　曹参在朝廷任丞相三年，极力主张清静无为不扰民，遵照萧何制定好的法规治理国家，使西汉政治稳定，经济发展，人民生活水平日渐提高。他死后，百姓们编了一首歌谣称颂他说："萧何定法律，明白又整齐；曹参接任后，遵守不偏离。施政贵清静，百姓心欢喜。"史称"萧规曹随"。

　　曹参的故事说明了无为政治中的一个要义：无为并不是指为政者终日无所事事，它所指的乃是为政者对百姓采取不干预的政策，让人民自由地发挥自己的能力。但是在无为政治中为政者究竟要做些什么事呢？为政者所负责的实际上就是制定好的法律及规则，这些法律及规则是所有人在从事自己的工作时所必须遵守的。曹参认为萧何制定的法律及政策已经相当完美，他没有什么能力再对它做修改，因此，他可以乐得闲着。这就是历史上有名的"萧规曹随"。

陈平传（节选）

　　顷之，上益明习国家事，朝而问右丞相勃曰："天下一岁决狱几何？"勃谢不知。问："天下钱谷一岁出入几何？"勃又谢不知。汗出洽背，愧不能对。上亦问左丞相平。平曰："（各）有主者。"上曰："主者为谁乎？"平曰："陛下即问决狱，责廷尉；问钱谷，责治粟内史。"上曰："苟各有主者，而君所主何事也？"平谢曰："主臣！陛下不知其驽下，使待罪宰相。宰相者，上佐天子理阴阳，顺四时，下遂万物之宜，外镇扶四夷诸侯，内亲附百姓，使卿大夫各得任其职也。"上称善。勃大惭，出而让平曰："君独不素教我乎！"平笑曰："君居其位，独不知其任邪？且陛下即问长安盗贼数，又欲强对邪？"于是绛侯自知其能弗如平远矣。居顷之，勃谢（病请）免相，而平颛为丞相。

——《汉书》卷四十

译文

过了一段时间，孝文帝更为熟悉国家大事，接受群臣朝见时问右丞相周勃："全国一年中判决的案件有多少？"周勃谢罪说："不知道。"孝文帝又问："全国一年中钱粮的开支收入有多少？"周勃又谢罪说不知道，急得汗流浃背，惭愧自己不能回答。于是皇上又问左丞相陈平。陈平说："有主管的人。"皇上说："主管的人是谁？"陈平说："陛下如果问判决案件的情况，可询问廷尉；问钱粮收支的情况，可询问治粟内史。"皇上说："如果各自有主管的人，那么您所主管的是什么事呢？"陈平谢罪说："管理百官！陛下不认为我们能力低下，让我们担任宰相的职位。宰相一职，对上辅佐天子调理阴阳，顺应四时；对下养育万物适时生长，对外镇抚四夷和诸侯，对内爱护团结百姓，使公卿大夫各自能够胜任他们的职责。"孝文帝这才称赞他答得好。右丞相非常惭愧，出来后责备陈平说："你平常怎么不告诉我如何回答（皇帝的话）呢！"陈平笑着说："您身居相位，不知道丞相的职责吗？况且陛下如果问起长安城中盗贼的数目，您也要勉强来对答吗？"这时绛侯才知道自己的才能比陈平差远了。过了一段时间，绛侯托病请求皇上免去自己右丞相的职务，陈平一人独任丞相。

解析

无为政治是一种分层负责的政治，每个人做自己分内的事，因此，它最忌讳的就是诸葛亮式的事必躬亲。中国历史上有关分层负责这个观念，以陈平的故事最为典型。陈平在这段对话中所指出的就是无为政治的另一个要义：每件事情都有负责的人。决狱是廷尉所管，钱谷则由治粟内史负责；而宰相所管的是佐助天子理阴阳，顺四时；天子本人则真的只要做到垂拱就行了。有为的政治则不然，权越大的人，除了做自己分内该做的事，还要去做他属下所应该做的事情。这样就把秩序破坏了。无为并非叫为政者什么事都不做，而是让每个人能充分发挥自己的能力去做自己分内的事。这点不仅可以用在百姓身上，让他们去充分发挥自己的才能，同时也可以用在执政者的身上，使一个官僚机构本身有其自发的秩序，无为政治事实上也就是一个多决定中心式的政治。

《管子》中说："法者，天下之程式也，万事之仪表也。"法，是社会中所有行为的准则规范，是规范社会的标尺，是稳固事态的准绳。

"以史为镜，可以知兴替。"法家思想作为我国传统文化的一部分，在建设法治社会中有不容忽视的作用。对于两千多年前"以法治国"的法家思想，我们要取其超越时空的精华，融入现代法治理念之中，为建立法治社会提供借鉴。

第八章

缘法

第一节　以法为本

篆书　　　　　隶书　　　　　草书　　　　　行书　　　　　楷书

法，金文（去，离开住地，代表为生存所进行的各种生产、社会活动）＋（水，表示法律、法度公平如水）＋（廌，即獬豸，神话传说中的一种神兽。据说，它能辨别曲直，在审理案件时，它能用角去触理屈的人，是勇猛、公正的象征，是司法"正大光明""清平公正"的象征）。

在古代文献中，称法为刑，如《盐铁论》："法者，刑罚也，所以禁暴止奸也。"法又往往与律通用。"律之与法，文虽有殊，其义一也。"（《唐律疏义》）据史籍记载，商鞅变法，改法为律，从此"律"字广泛使用，其频率高于法。"律"引申为规则、有序，范天下之不一而一，成为规范所有人及其行为的准则，即规范天下千差万别的所有人所有事而趋于整齐划一（统一、协调）。

原典摘编

　　法者，天下之程式也，万事之仪表也。

　　　　　　　　　　　　　　　　　　　——《管子·明法解》

"程式""仪表"都是准则、规范的意思。这句话的意思是，法是治国的标尺，是社会的客观准则，是衡量人言行是非、功过曲直的客观标准和必须遵守的行为规范。

管子作为先秦法家的代表，他认为一切的行为规范都应该用立法的形式明确规定，并主张有法必依，赏罚严明。在推进依法治国进程中，应该学习弘扬管仲的"法治"思想，充分运用法治思维和法治方式，不断完善权力制约和督导机制，切实从体制、机制和法治上遏制和解决权力腐败问题，以实现国家的长治久安。

　　凡治国之道，必先富民。

——《管子·治国第四十八》

　　但凡治理国家的方法，必须首先使百姓富裕起来。

　　管仲认识到民众的重要性，认识到富民对增强国家经济实力的巨大作用。正是由于抓住了治国的根本，经过多年的治理，齐国很快强盛起来，成为春秋首霸。他被后人赞誉为"春秋第一相"。

　　国家的发展宗旨，是保障人民幸福安康；国家的存在目的，是维护人民安定富足。人民的生活状况，就反映了国家的生存状态；人民的富裕程度，也体现了国家的富裕水平。国与民，相辅相成；民与国，相存相依。这就是：国富则民安，民富则国强。

　　故曰：有生法，有守法，有法于法。夫生法者，君也；守法者，臣也；法于法者，民也。君臣上下贵贱皆从法，此谓为大治。

——《管子·任法》

　　所以说，有创制法度的，有执行法度的，有遵照法度行事的。创制法度的是君主，执行法度的是大臣官吏，遵照法度行事的是人民。君臣、上下、贵贱皆从法，这就叫作大治。

　　这是对周朝"刑不上大夫""刑有等级"制度的巨大挑战，管子要求君主和官吏在适用法律上要"不知亲疏、远近、贵贱、美恶，以度量断之"。因为法律是公平的，法的根本意义是代表国家的整体利益的，是统一天下的最高标准。管仲将法律称为"公法"，认为法具有最高权威，具有普遍适用的价值功能，任何社会成员都不能置身于法外，凌驾于法律之上。即使法自君出，君主也应带头遵守法律，君主不得随意更改法律，也应有恪守法律的义务，并要求官吏和百姓同样遵守法律。

　　去好去恶，臣乃见素；去旧去智，臣乃自备。

——《韩非子·主道》

　　君王不表现出自己的喜好，也不表现出自己的厌恶之处，臣子们就能表现出自己的真实面目了。君王除去成见，除去智慧，臣下就戒饬自己。

　　上有所好，下必效之，所以领导者应该谨言慎行，而下属也应该直言不讳，才是上下级共事的原则。

> 夫不可陷之盾与无不陷之矛，不可同世而立。
>
> ——《韩非子·难度》

不能被刺穿的盾牌和没有刺不破盾的长矛，是不可以同时存在的。

不能戳破的盾牌与无所不穿的长矛是不能同时存在的，不然就是自相矛盾了。说话办事如果不符合实际情况，就很容易陷入自相矛盾的境地。

> 善张网者引其纲，不一一摄万目而后得。
>
> ——《韩非子·外储说右下》

善于撒网的人抓住纲绳，不是一个一个地拉开所有的网眼才能捕到鱼。

韩非子以此来劝谏统治者"圣人不亲细民，明主不躬小事"，君王要学会"治吏不治民"。这句话，对今天处理复杂事务仍有重要的指导意义。做事情，要抓主要矛盾，在主要环节上下功夫，这样，主要矛盾解决了，次要矛盾就会迎刃而解；主要环节抓住了，次要环节自然会被带动起来。

> 禁，主之道，必明于公私之分，明法制，去私恩。
>
> ——《韩非子·饰邪》

有所禁止，是君王之道，必须公私分明，严明法纪，不徇私情。

有命令就必须执行，有禁令就必须停止，这是君主所行的公义。私下勾连，取信于朋党，不能用赏赐来激励，也不能用刑罚来威慑，这是臣下所行的私义。私义盛行，国家就会混乱；公义盛行，国家就会巩固，所以应该公私明辨。

> "事在四方，要在中央。圣人执要，四方来效。"
>
> ——《韩非子·扬权第八》

具体事务交由各级负责人去执行，而君主应保证中央权力的巩固。只要君主能准确把握全局，那么四方的臣民就会效劳。

"要在中央"，是指立法大权归统一的中央政府掌握，这表明诸侯分权的政治局面即将结束，郡县制将要完全取代分封制。"圣人执要"，是指中央政府的权力最后决定权在皇帝手中，即实行君主专制独裁。这种加强君权的主张，符合当时即将出现的封建大一统的要求，它自然会受到秦始皇和后来封建帝王的欢迎。

夫有材而无势，虽贤不能制不肖。故立尺材于高山之上，下临千仞之溪，材非长也，位高也。桀为天子，能制天下，非贤也，势重也；尧为匹夫，不能正三家，非不肖也，位卑也。千钧得船则浮，锱铢失船则沉。非千钧轻而锱铢重也，有势之与无势也。故短之临高也以位，不肖之制贤也以势。

——《韩非子·功名》

如果有才能而没有权位，那么即使是贤能的人也不能制服无能的人。将一尺长的木头立在高山之上，就可以俯视千仞深的山涧，这并不是因为木头长，而是因为它的位置高。夏桀非常残暴，却能做天子，控制天下，不是因为他贤能，而是因为权势重；尧如果是一个普通人，就连三个家庭也不能管理，并不是没有才能，而是因为地位卑下。几万斤重的东西靠船就可以浮起来，几两重的东西没有船就会沉下去。这并不是因为几万斤轻些，几两反而重些，而是因为借重船的缘故。所以短木居高临下凭借的是位置，不贤者制服贤人凭借的是权势。

国皆有法，而无使法必行之法。

——《商君书·画策第十八》

国家都是有法律的，但是没有能保证这些法律一定得到遵循的法。

把规范深植于每个人的心中，成为自觉，就需要培育法治精神。没有法治精神，再精密的法律条文都难免沦为摆设。可以说，法治精神是法治的灵魂。

明代张居正曾感叹道："天下之事不难于立法，而难于法之必行。"讲的是同样道理。习近平总书记也曾说，人们没有法治精神，社会没有法治风尚，法治只能是无本之木、无根之花、无源之水。从客观上说，法治并不体现于普通民众对法律条文有多么详细的了解，而体现于普通民众日常行为中的规范意识。

所谓壹刑者，刑无等级。

——《商君书·赏刑》

这两句大意是：所谓统一刑罚，就是量刑时不分等级。

商鞅在《赏刑》一文中提出了三个政治主张，即壹赏、壹刑、壹教。商鞅说：所谓统一刑罚，就是刑罚不分人的等级，自卿相将军到大夫平民，有不服从国君命令、违犯国家禁令，破坏国家制度者，就判处死刑，决不赦免。以前立过功劳，以后做了坏事，不因此而减轻刑罚。以前有过善行，以后有了罪过的，不因此而破坏法律。忠臣孝子有了过失，也必须按照罪的大小来判刑。商鞅提出的"刑无等级"的主张，显然是对"刑不上大夫"的大胆挑战，有其进步意义，但在商鞅所处的时代，是无法实现"法律面前人人平等"的。今天，实现"刑无等级"有了现实的可能，但还必须彻底消除"刑不上大夫"或"重刑不上大夫"的流毒才行。

法者，治之端也。

——《荀子·君道》

法律，是治理国家的开始。

作为法家思想创始人的荀子，其本身又是儒家代表人物。他在儒家"为政在人"治国理念基础上，提出了一系列关于"人治"与"法治"关系的论点。他把法看成是治理国家的首要条件。法治是治国理政的基本方式，也是全面深化改革的基本途径。有了法治的护航，改革才能不走样、不变道、有章法，真正做到蹄疾而步稳、勇毅而笃行。

故立天子以为天下，非立天下以为天子也。立国君以为国，非立国以为君也。立官长以为官，非立官以为长也。

——《慎子》

所以拥立天子是为了治理好天下，并不是设置天下来为天子一个人服务。拥立国君是为了治理好国家，并不是建立国家来为国君一个人服务。设置官职是为了更好地履行职责，并不是设置官职来供长官个人享乐。

君人者，舍法而以身治，则诛赏予夺，从君心出矣。然则受赏者虽当，望多无穷。受罚者虽当，望轻无已。君舍法，而以心裁轻重，则同功殊赏，同罪殊罚矣，怨之所由生也。是以分马者之用策，分田者之用钩，非以钩策为过于人智也，所以去私塞怨也。故曰：大君任法而弗躬，则事断于法矣。法之所加，各以其分，蒙其赏罚而无望于君也。是以怨不生而上下和矣。

——《慎子·君人》

君主治理国家，如果舍弃法治而实行人治，那么诛杀、奖赏、任用、罢免都会由君主个人的喜怒爱好来决定。这样受到的奖赏即使恰当，但受到奖赏的人欲望是没有穷尽的；即使受到的惩罚也得当，但受惩罚的人都期望无休止地减轻罪行。君主如果舍弃法治而以私人的意愿来裁定赏罚的轻重，那么就会造成相同的功劳而受到不同的奖赏，相同的罪过却受到不同的惩罚，怨恨就由此产生了。因此，分马用抽签的办法，分田用抓阄的办法，并不是说用抽签、抓阄的办法比人的智慧高明多少，是因为这样做可以排除私心杂念，堵塞怨恨。所以说，君主治理国家要依据法制，而不要仅凭个人的主观意愿去做。君主依法治理国家，每个人都根据自己的所作所为受到相应的奖赏和处罚，而不把幻想寄托在君主的私人爱好上。因此人们心里就不会产生怨恨，全国上下就会和睦相处。

　　为人君者不多听，据法倚数以观得失。无法之言，不听于耳。无法之劳，不图于功。无劳之亲，不任于官。官不私亲，法不遗爱。上下无事，唯法所在。

——《慎子·君臣》

　　作为贤明的君主，不要听信谣传，要依据法制权术来处理政事，观察得失。不符合法制的言论，不盲目听信。不符合法制的劳作，不算作功劳。没有功劳的亲戚朋友，不委任他们以官职。当官不以亲徇私，制定法律和执行法律对所爱者也不要有特殊的施舍。上下相安无事，只有实行法治才能办得到。

　　锄一害而众苗成，刑一恶而万民悦。

——桓宽《盐铁论·后刑第三十四》

　　锄掉一棵杂草，众多禾苗就会成长，惩罚一个恶人，万民就会喜悦。
　　《盐铁论》以对话体的形式记述了御史大夫桑弘羊及其僚属的辩论。桑弘羊信奉法家，主张通过刑罚来治理国家。他认为依法惩办那些害群之马，有助于安定民心，稳定社会秩序，保护人民的利益。

　　治国者，圆不失规，方不失矩，本不失末，为政不失其道，万事可成，其功可保。

——诸葛亮《便宜十六策·治乱》

　　治理国家，无规矩不成方圆，本立而不失其末，为政不能脱离理法道统，如此则万事可成，功业也可长保。

《便宜十六策》是三国时期的政治家、军事家诸葛亮所著的一部重要军事著作。《治乱》篇里，他从纲纪、先后、远近、内外、本末、强弱、大小、人己等方面阐述治国理政的方略。他主张用律法来规范人们的行为，整顿社会秩序。他认为，要治理乱政，必须裁汰冗官，去除虚职，不使闲散无用的官员群聚结党，危害政务。倘若三纲六纪废弛，就会大乱。

烹小鲜而数挠之，则贼其泽；治大国而数变法，则民苦之。

——韩非子《解老》

烹制小鱼却屡次翻动，那就会令其破碎不全；治理大国却屡次更改法令，那就会使百姓不堪其苦。

一国的臣民为了共同的利益走到一起，利益作为维系君臣关系的纽带，十分脆弱，君主如频繁更改法令，就会使百姓无所适从，而对君主的威严产生质疑。这样一来，不仅使百姓迷失方向，同时也动摇了君臣之间原本脆弱的联系，这必然会危及国家的安定团结。

以势交者，势倾则绝；以利交者，利穷则散。

——王通《中说·礼乐篇》

以权势交友的，权势失去了，交情也随之断绝；以利益交友的，利益穷尽了，交情也随之结束。

《中说》是隋代思想家王通的哲学著作，为王通和门人的问答笔记，因门弟子私谥其为"文中子"，故又名《文中子说》。

势利之交不长远。"君子之交淡若水，小人之交甘若醴；君子淡以亲，小人甘以绝。彼无故以合者，则无故以离。"（《庄子·山木》）庄子认为，君子的交情淡得像清水一样，小人的交情浓得像甜酒一样；君子淡泊而心地亲近，小人甘甜而利断义绝。但凡无缘无故接近相合的，都会无缘无故地离散。究其实，小人之间的交往，包含着浓重的功利因素，他们把"友谊"建立在相互利用的基础上，表面看起来"甘若醴"，但倘若对方满足不了其功利的需求时，就很容易断绝往来，他们之间存在的只是永恒的利益。所以与人交往，要找君子，勿近小人。

法令既行，纪律自正，则无不治之国，无不化之民。

——包拯《致君》

只要依法治国，法令畅通，纪律和风气自然清正，那样就不会有治不好的国家，也不会有顽固不化的百姓。

为官之义在于明法。"明"是让百姓懂法，知道哪些事可为，哪些不可为。"明"也是让自己懂法，在内心拉一条底线。所谓"子帅以正，孰敢不正"，领导干部带头遵纪守法，才能让法令顺利推行。在遵纪守法这点上，任何人都不应有例外，而领导干部尤其要出于一颗公心，真正从心底敬畏法律。因此，为官者"寸心不昧"，方能使"万法皆明"。法度明，纪纲正，大治之势必成。事实也证明，哪里的领导秉公办事，不畏权贵，执法严明，哪里的正气就会上升，事情就好办。

子罕辞玉

宋人或得玉，献诸子罕，子罕弗受。献玉者曰："以示玉人，玉人以为宝也，故敢献之。"子罕曰："我以不贪为宝，尔以玉为宝。若以与我，皆丧宝也。不若人有其宝。"稽首而告曰："小人怀璧，不可以越乡，纳此以请死也。"子罕置诸其里，使玉人为之攻之，富而后使复其所。

译文

宋国有个人得到了一块玉，把它献于（国相）子罕。子罕不肯接受。献玉的人说："（我已经）把它给雕琢玉器的人看了，玉匠认为它是珍宝，所以（我）敢献给您。"子罕说："我把不贪财作为珍宝，你把玉作为珍宝；如果（把玉）给我，（我们两人）都会丧失珍宝，还不如各人持有自己的珍宝。"献玉的人跪拜于地，告诉子罕说："小人带着璧玉，不能安全地走过乡里，把玉石送给您，我就能在回家的路上免遭杀身之祸。"于是，子罕把献玉人安置在自己的住处，请一位玉工替他（把所带玉石）雕琢成宝玉，等他富有后让他返回了家乡。

解析

该典出自《春秋左传·襄公十五年》。《左传》原名《左氏春秋》，后人将它配合《春秋》作为解经之书，称《春秋左氏传》，简称《左传》。它与《春秋公羊传》《春秋穀梁传》合称"春秋三传"。

古人把玉看得跟金子一样珍贵，所以对富贵人家常用"金玉满堂"来形容。成语有"金玉良言"，意为像金玉一样有价值的话。所以，宋国那个献玉的人认为人世间最珍贵的是玉，才把美玉献给子罕。而子罕认为人世间最珍贵的是廉洁。这叫"人各有其宝"，或叫"人各有其志"。这是不同的人生观的反映。我们要赞扬子罕洁身自好、不贪钱财的品质。

为政者要学习子罕不贪不占的清廉作风、洁身自好的高贵品质和坚拒不义之财的浩然正气。为官的要正确使用手中权力，尽量不去以权谋私，不要让群众从心底里瞧不起，使权为民用。管钱管物的，也要慎用权力，严守制度，不要发生贪污受贿等问题。凡夫俗子也不要乱"出手"，不要用非法手段去抢、盗、骗他人财物。每个人都不突破"守法"这个立身做人的底线，进而保证"人有其宝"，社会才能日渐和谐。

韩非子·孤愤第十一

智术之士①，必远见而明察，不明察不能烛私②；能法之士，必强毅而劲直，不劲直不能矫奸。人臣循令而从事，案法③而治官，非谓重人④也。重人也者，无令而擅为，亏法以利私，耗国以便家，力能得其君，此所为重人也。智术之士明察，听用，且烛重人之阴情⑤；能法之士劲直，听用，且矫重人之奸行。故智术能法之士用，则贵重之臣必在绳之外⑥矣。是智法之士与当涂之人⑦，不可两存之仇也。

注释

①智术之士：通晓治术的人。智：通"知"，了解，通晓。
②烛私：洞悉隐秘。烛：明察，洞悉。
③案法：按照法律。案：通"按"，按照。
④重人：朝廷中执掌大权的人，即权臣。
⑤阴情：隐情，阴谋。
⑥绳之外：绳墨以正曲直，绳墨之外的部分将被砍削，这里比喻犯事的权贵之臣必然受到制裁。
⑦当涂之人：朝廷中居要职、掌大权的人。

译文

通晓治术的人，一定是有远见并且能明察秋毫的人，不能明察秋毫，就不能洞悉隐秘。擅长法律的人，一定是坚强刚毅而且非常正直的人，不正直就不能矫正奸邪。身为大臣，根据法令来处理政事，按照法律来治理各级官吏，这不能被称为权臣。所谓权臣，是没有君主的命令却独断专行，损害法律来谋求私利，耗费国家的财力来方便自家，他的势力能够让君主听从自己，这才是真正的权臣。通晓治术的人能明察秋毫，一旦被任用，就要揭开权臣掩藏的隐情；擅长法律的人刚强正直，一旦被任用，就要矫正权臣的奸邪行为。其结果是通晓治术、擅长法律的人被任用，那么地位高、权势重且作奸犯科的权臣必然会受到制裁。因此，通晓法律的人和那些作奸犯科的权贵重臣是不能并存于朝廷的仇敌。

解析

韩非（约公元前280—公元前233年），战国末期著名的哲学家、思想家、政论家和散文家，法家思想的集大成者，后世称"韩子"或"韩非子"。著有《韩非子》一书，共55篇。孤愤，即孤独和愤懑。所谓"孤"，指法术之士在同当权贵族斗争时孤立无援的处境；而所谓"愤"，指法术之士面对大臣专权、惑主败法，国家混乱衰亡时的愤懑心情。全文围绕当权奸臣与法术之士的利害关系、君主对待当权重臣与法术之士的态度，抒发了作者面对"智法之士与当涂之人，不可两存之仇"的现实所产生的孤独、愤懑之情。

狗恶酒酸

宋人有酤酒者，升概甚平，遇客甚谨，为酒甚美，悬帜甚高，著然不售，酒酸。怪其故，问其所知闾长者杨倩。倩曰："汝狗猛耶？"曰："狗猛，则酒何故不售？"曰："人畏焉。或令孺子怀钱，挈壶瓮而往酤，而狗迓而龁之，此酒所以酸而不售也。"

夫国亦有狗，有道之士，怀其术而欲以明万乘之主，大臣为猛狗，迎而龁之。此人主之所以蔽胁，而有道之士，所以不用也。

——《韩非子·外储说右上》

译文

宋国有个卖酒的人，他给（顾客）的量很足，待客恭敬，酒又酿得香醇，而且店铺门前高悬酒旗，但是酒却卖不出去，变质发酸了。他感到很奇怪，就向知道（道理很多）的邻人杨倩老人请教。杨倩问："你店铺里的狗很凶恶吧？"他不解地问："狗凶，那么酒为什么卖不出去？"杨倩说："人们都害怕呀！有的人打发自己的小孩揣上钱，拿上壶，去打酒，但你的狗龇牙咧嘴蹿出来咬人，谁还敢到你这里来买酒呢？这就是你酒变酸卖不掉的原因。"

国家也有这样的"恶狗"呀，有才能的人怀着治国之术想要把自己的才能献给君王，那些大臣像恶狗一样龇牙咧嘴地蹿出来咬人，这就是君王很少有人能辅佐，而那些有才能的人不能得到重用的原因啊。

解析

作者韩非在这则寓言中感叹，国家也有这样的"恶狗"，有才能的人怀着治国之术想要把自己的才能献给君王，而那些大臣却像恶狗一样，龇牙咧嘴地蹿出来咬人。恶人当道，好的主张必定难以推行，贤人难受重用，有才能而得不到施展，这就是君王很少有人帮助的原因，国家也因此受到损失。

客观环境对事物有很大影响。如果客观环境险恶的话，事情就无法做好。事物之间是存在联系的，我们要善于发现事物之间的关联，从根本上解决问题。

宋人御马

宋人有取道者，其马不进，倒而投之溪水。又复取道，其马不进，又倒而投之溪水。如此者三。虽造父之所以威马，不过此矣。不得造父之道，而徒得其威，无益于御。人主之不肖者，有似此。不得其道，而徒多其威。威愈多，民愈不用。亡国之主，多以多威使其民矣。故威不可无有，而不足专恃。譬之若盐之于味，凡盐之用，有所托也，不适则败托而不可食。威亦然，必有所托，然后可行。

——节选自《吕氏春秋》

译文

宋国有一个赶路的人，他的马不肯前进，（他）就杀死（一匹马），并把尸体投入溪水。接着（他）又继续赶路，他的马还是不肯前进，他又杀死一匹马，并把尸体投到溪水里去。像这样的情况发生了多次，即使是造父用来对马树立威严的办法，也不过如此。没有掌握造父御马的方法，而只是学到了造父的威严，这对驾驭马是没有益处的。君主中的那些不肖者，就有点像这个宋国人。（君主）没有掌握用民之道，而只是滥施淫威。威严的手段越多，人民越不为他所用。亡国的君主，大多都是以繁多的威严手段来使用他的人民。所以威严不可以没有，但也不值得专门依仗。譬如盐对于滋味，大凡用盐，必须有所依托，但不适量，就会把所依托的菜肴弄坏，从而变得不可吃了。威严也是这样，一定要有所依托，然后才可以施行。

解析

《吕氏春秋》中的这一段文字，主要强调的是君主用民要有威严，但也不能滥施淫威。要恰到好处，掌握好分寸。宋人赶路，马不前行，宋人便大开杀戒，其结果还是事与愿违。君主用威就像烹饪时用盐调味一样，适度适量即可。这一寓言故事启发我们：驭马要讲究方法，执政更要讲究艺术。加强执政能力建设，就必须提高科学执政水平。要以德治国，首先要依法治国。只有为民执政，以民为本，造福于民，将"全心全意为人民服务"真正落到实处，才能得到人民的衷心拥护，才能建设和谐社会，国家也才会长治久安。

棘刺雕猴

燕王好微巧，卫人请以棘刺之端为母猴。燕王说之，养之以五乘之奉。王曰："吾视观客为棘刺之母猴。"客曰："人主欲观之，必半岁不入宫，不饮酒食肉，雨霁日出，视之晏阴之间，而棘刺之母猴乃可见也。"燕王因养卫人，不能观其母猴。郑有台下之冶者，谓燕王曰："臣为削者也，诸微物必以削削之，而所削必大于削。今棘刺之端不容削锋，难以治棘刺之端。王试观客之削，能与不能可知也。"王曰："善。"谓卫人曰："客为棘刺之母猴也，何以治之？"曰："以削。"王曰："吾欲观见之。"客曰："臣请之舍取之。"因逃。

——《韩非子·外储说左上》

译文

燕王喜欢小巧玲珑的东西，有个卫人请求用棘刺的尖端雕刻猕猴。燕王很高兴，用丰厚的俸禄供养他。燕王说："我想看看你雕刻在棘刺尖上的猕猴。"卫人说："君王要想看它，必须在半年中不到内宫住宿，不饮酒吃肉。在雨停日出、阴晴交错的时候再观赏，只有这样，才能看清楚我在棘刺尖上刻的猕猴。"燕王因而把这个卫人供养了起来，但不能看他刻的猕猴。郑国有个为国君服杂役的铁匠对燕王说："我是做削刀的人。各种微小的东西一定要用削刀来雕刻，被雕刻的东西一定会比削刀大。现在的情形是棘刺尖上容纳不下削刀的刀锋，削刀的刀锋难以刻削棘刺的顶端，大王不妨看看他的削刀能不能在棘刺尖上刻东西，真相也就清楚了。"燕王说："好。"于是对那个卫人说："你在棘刺尖上雕刻猕猴，用什么来刻削？"卫人说："用削刀。"燕王说："我想看看你的削刀。"卫人说："请您允许我到住处去取削刀。"就趁机逃跑了。

解析

在现实生活中，有些人专门爱吹牛皮，借此到处骗吃骗喝。他们公然无视客观存在，不要任何事实根据，随心所欲地吹出一串串五光十色的肥皂泡，用来欺骗善良的人们，以达到个人的目的。这些人给他人和社会带来了极大的危害，极大地破坏了社会和谐。当然，吹牛皮、说大话的人终究是要受到惩罚的。

第二节　治与世宜

篆书	隶书	草书	行书	楷书

治，金文借用"乱"或"司"，（乱，相互辩驳）＋（"司"的省略，主持、主管），表示主持公道，拨乱反正。篆文另造会意字＝（水，洪汛）＋（台，通"臺"，土石堆筑的堤坝）。造字本义：开凿水道，修筑堤坝，引水防洪。后引申为控制、管理。如"冢宰掌邦治，统百官，均四海"（《尚书·周官·太宰》，冢宰即太宰，位次三公，为六卿之首）。

古代先贤重视治国理政，"修身齐家治国平天下"成为儒家的人生目标，而法家则主张"以法治国"，如《吕氏春秋·察今》所言："治国无法则乱。"法家学派"尚法""尊法""崇法"的精神凸显了法在治理国家中的重要性，成为我国建设社会主义法治国家进程中极其珍贵的文化资源。

治民无常，唯治为法，法与时转则治，治与世宜则有功。

——《韩非子·心度》

治理百姓没有固定不变的方法，只有实行法治才能够把百姓管理好。法制因时制宜地修订，才能最好地发挥治国的效能；治民的方式与社会情况相适应，才能产生所期待的作用。

作为法家集大成者，韩非子继承了管子"以法治国，则举措而已"与商鞅"任法而治国"的依法治国方略，提出"治民无常，唯治为法"的观点。他敏锐地觉察到，由于战国末期的社会急剧变化，原有的法律制度已无法适应新的形势，必须根据时代及社会需要作出相应调整。他用"守株待兔"抨击复古倒退，借"郑人买履"讽刺墨守成规，从而得出了"法与时转则治，治与世宜则有功"的历史观。

"法与时转则治，治与世宜则有功"是与时俱进的社会进化史观，符合人类社会由低级阶段向高级阶段发展变化的规律，成为后世实证主义论证变法顺应时代要求的最佳注解。

圣人苟可以强国，不法其故；苟可以利民，不循其礼。

——《商君书·更法》

圣人治国，只要能使国家强盛，就不沿用旧的法度；只要有利于人民，就不遵守旧的礼制。

商鞅是战国著名政治家，他辅佐秦孝公实行"更法"（变法）。他认为社会是向前发展的，社会的需要是随着时代而变化的，因而社会制度也要适应时代的需要而改革。他认为古代帝王都不因袭前规，现代的国君也不可拘守旧制，只有实行变法才能够强国利民。体现了商鞅不因循守旧的革新思想。

古之所谓明君者，非一君也。其设赏有薄有厚，其立禁有轻有重，迹行不必同。非故相反也，皆随时而变，因俗而动。

——《管子·正世》

古时之所谓英明君主，并非仅只一人。他们立赏有薄有厚，刑罚有轻有重，做法不一定相同，但并非故意使之不同，而是随着时势的发展而变化，依据当时的风气而行动的。

管仲认为立法要适应时代的要求和社会发展的实际而不断变化。在历史的不同时期，圣王的治国方法也不同，道德、习俗随时而变化。管仲认为，圣君不应把历史传统作为包袱，当历史传统有碍统治时，应进行改革。"今天下"的情况与"古代"的也大不相同，所以不能以旧法治当今之世，而应实行变法，移风易俗。

疑今者，察之古；不知来者，视之往。

——《管子·形势第二》

当今有疑惑不解的事，可以考察古代；对未来不了解，则可以考察过去。

"常"和"变"是中国古人思考自然人事常用的两个术语。"常"，表示常态，稳定性；"变"，表示动态，变动性。管子是最早将两者结合起来进行思考的古代先贤。管子认为，古与今存在着相互因循的关系，既有变化，也有其不变的规律。所以，对现实感到疑惑，可以考察历史；对未来感到迷茫，可以回顾往事。历史是过去的现实，现实是未来的历史。知古可以鉴今，察往可以知未来。历史发展的每一个阶段总是在一定程度上存在相似性，后者是前者的"遗传"和"变异"。深刻理解历史，我们才能知晓自己从何而来；深入认识现实，我们才会知道自己向何处去。

　　家有常业，虽饥不饿；国有常法，虽危不乱。

——《韩非子·饰邪》

　　家里有固定的产业，虽遇到饥荒也不会挨饿；国家有健全的法规，虽遇到危险也不会混乱。

　　这是韩非引用的谚语，他指出燕国、赵国在有"常法"的时候很强盛，后来法制废弛了，国家也随之衰弱。像"常业"是立家之本一样，"常法"是立国之本。这个比喻精当，说理透彻。

　　世异则事异，事异则备变。

——《韩非子·五蠹》

　　世道不同了，事物改变了，那就需要有所准备，处世行事的方式方法也要相应变化。

　　客观事物不停地运动、变化，因此政策和策略也应是变化的，因为任何方法或者措施都是针对某种特定的情况而制定的。没有不变的情况，也就没有不变的方法、措施。因此当政者、决策人应当根据客观变化了的情况，不断地变化或相应地调整自己的政策和策略。若不知变革，就会把事情办糟，导致失败。

　　治世不一道，便国不法古。

——《商君书》

　　治理国家不一定要用一种方式，只要对国家有利，就不一定非要效法古代。

　　无论治理天下还是处理事情，都不能按照死板的方法去做，要根据实际情况灵活变通。法家提倡效今不法古，是说在旧方法（即古法）已经失效的情况下，就不应该死守，而必须创新。

国无常强，无常弱。奉法者强则国强，奉法者弱则国弱。

——《韩非子·有度》

国家不会永远富强，亦不会长久贫弱。执行法度的人态度坚决，国家就会富强；执行法度的人软弱，国家就会贫弱。

"有度"，就是有法度。韩非子把"奉法"作为治乱兴亡的关键。韩非子认为，各国皆有法度，关键是能否秉公执法。卢梭曾经说过，"规章只不过是穿隆顶上的拱梁，而唯有慢慢诞生的风尚才最后构成那个穿隆顶上的不可动摇的拱心石"。管用而有效的法律，既不是铭刻在大理石上，也不是铭刻在铜表上，而是铭刻在公民的内心里。如何让法治成为全民信仰？这就需要像这句古语一样，让"奉法者强"。人民群众的法治信仰，就应该建立在"守法者得利，违法者受罚"的司法、执法过程中，建立在这种管用有效、已定必行的法制体系上。

明者因时而变，知者随事而制。

——桓宽《盐铁论·忧边第十二》

聪明人会随着时代的变化而改变策略，有智慧的人会按照世事变化的情况而制定法则。

这句话强调了"变"的重要性和必要性，主张积极地根据时代发展的要求作出适当的调整，反对因循守旧。这句话启示我们，形势在发展，时代在进步，要坚持具体问题具体分析，要密切关注变化发展的实际，摒弃不合时宜的旧观念，冲破制约发展的旧框框，做到与时俱进。

观之上古，验之当世，参之人事，察盛衰之理，审权势之宜，去就有序，变化因时，故旷日长久而社稷安矣。

——贾谊《过秦论》下篇

君子治理国家，要考察上古的历史，验证当今的时事，并通过人情事理加以参验，从而发现治乱兴衰的规律，探求适应形势变化的方法，做到取舍有序，变化适时，这样国家才能长治久安。

贾谊，西汉初年著名的政论家、文学家。上述原典为《过秦论》下篇结语，反映了贾谊的社会历史观。他告诫汉文帝要"前事不忘，后事之师"，警惕重蹈亡秦覆辙。"变化因时"的主张，于治国、治事都有重要指导意义。

常制不可以待变化，一途不可以应无方，刻船不可以索遗剑。

——葛洪《抱朴子外篇·广譬》

固定不变的制度不能够用来应对千变万化的社会，一条道路不可以通达无数的目的地，在行船上刻记号无法找到落入水中的宝剑。

《抱朴子》是东晋学者葛洪的道家理论著作。"抱朴"为道教术语，出自老子《道德经》"见素抱朴"。该书秉持以道为本的原则，但在社会历史观层面上，又提出了"变化者，乃天地之自然""时移世改，理自然也"等观点。因时而变，辩证地分析，才能更好地解决现实问题。

知其事而不度其时则败，附其时而不失其称则成。

——陆贽《论缘边守备事宜状》

仅仅知道事情本身却不懂得审时度势，就会失败，只有顺应时势并根据具体情况而定，才能取得成功。

陆贽，唐中期卓越政治家，唐德宗贞元八年（792 年）出任宰相。为政期间，指陈时弊，整顿吏治，革故鼎新，被后世誉为"古代十大名相"之一。

"橘生南国为橘，生北国则为枳。"相同的物种，在南北不同的气候和水土环境情况下，会生长出截然不同的果实。同理，同一件事情，在不同时代、不同条件下，处理的方法和结果也大相径庭。因此，我们想问题、办事情就不能拘泥于已有的传统和旧例，而是要根据变化的情况重新确定思路，一切从已经变化的实际出发。察势者智，驭势者赢。只有观察当时当事所处的客观环境，根据形势变化发展，作出符合当时情况的判断，才能推动事物朝着预期的方向发展。

治国有常，而利民为本；政教有经，而令行为上。苟利于民，不必法古；苟周于事，不必循旧。

——刘安《淮南子·氾论训》

治理国家虽有常规，但必须以便利民众为根本；政令教化虽有常法，但必须以切实有效为最好。如果对民众有利，就不必非要效仿古制；如果符合实际情况，就不必一定要遵循旧法。

秘鲁谚语说："人民的声音就是上天的声音。"顺应人民群众对美好生活的向往，就要做到发展成果和人民共享。治理国家的政令法规应该以利民为权衡标准，不必固守常规旧律，应与时俱进。这一句也告诉我们：做任何事情，只要有利于事情的积极解决，就应该主动创新。

子产治郑，民不能欺；子贱治单父，民不忍欺；西门豹治邺，民不敢欺。

——司马迁《史记·滑稽列传》

子产治理郑国，百姓没法欺骗他；子贱治理单父，百姓不忍心欺骗他；西门豹治理邺，百姓不敢欺骗他。

治理思想和治理方法，自古就有多种。春秋时期著名政治家子产，他亲历亲为，明察秋毫，时间不长，就把郑国治理得"门不夜关，道不拾遗"。百姓没法欺骗他。子贱天天躲在房里弹琴，依旧把单父治理得井井有条。他的经验是，重视教化，讲究用人，为政清静。百姓不忍心欺骗他。西门豹治理邺，他大智若愚、大巧若拙，顺利革除"为河伯娶妇"的陋习，带领百姓兴修水利，用重典治乱世。百姓不敢欺骗他。一是亲历亲为，二是求贤自辅，三是威化御俗，这三种治理思想因时而异，顺势而制，对今日仍有巨大借鉴意义。

审度时宜，虑定而动，天下无不可为之事。

—— 张居正《答宣大巡抚吴环洲策黄酋》

根据形势变化审时度势，凡事深思熟虑后再付诸行动，那么天下就没有做不成的事情。

张居正，明朝中后期政治家、改革家，万历年间的内阁首辅，辅佐万历皇帝开创了"万历新政"。这一句出自张居正写给宣大巡抚吴环洲关于北部边防事宜的一封信。

干事、创业、治理国家，要学会打破不合时宜的思维定式，要能因时而变。形势总会发展变化，我们的工作必须不断适应新的要求。如果用老办法来解决新问题，难免会碰钉子，甚至无功而返。

立善法于天下，则天下治；立善法于一国，则一国治。

——王安石《周公》

在天下设立好法制，天下就会太平；在一国制定好法制，一国就会太平。

王安石，北宋杰出的政治家、文学家、改革家。宋神宗熙宁元年（1068年），他领导了我国历史上震动一时的"熙宁变法"。针对北宋当时的政治、经济状况，王安石认为问题的症结在于缺少明确的"法度"。王安石不仅强调立法，而且强调立"善法"；

而要使法"善"，朝廷就必须实行改革。

"善法"之说源自春秋时期的管子。《管子·任法》称："今天下则不然，皆有善法而不能守也。"作为中国历史上著名的改革家，他们两人都强调了"善法"的重要性，而各有侧重。但无论是管子的"守善法"，还是王安石的"立善法"，都适应了时代发展的需要。

> 兵无常势，水无常形。
>
> ——孙武《孙子兵法·虚实第六》

水因地势的高下而制约其流向，用兵则要依据敌情而决定其取胜方针。

孙武，春秋时期著名的军事家、政治家，尊称"兵圣"，著有《孙子兵法》十三篇。《虚实》为《孙子兵法》中的第六篇。"虚实"是指在战场上通过分散、集中兵力的战术变化形成我强敌弱的形势来战胜敌人。

恩格斯有句名言："蔑视辩证法是不能不受惩罚的。"做任何事情，都应该学会辩证地分析问题，善于抓住关键，找准重点，洞察事物发展规律。形势在变化，我们的思想观念、工作思路和工作重点也应跟着变，否则就会出现能力不足、思路不对、方法不当等问题。

> 穷则变，变则通，通则久。
>
> ——《易经》

事物发展到了极限，就要发生变化，发生变化才会使事物的发展不受阻塞，事物才能不断发展。

《易经》虽然不是法家思想，但这句话强调事物的动态属性、发展变化，重视事物的新生、日新、更新、上进，主张积极变革。引申到治国理政方面，就是要一切从实际出发，坚持改革开放，统筹国情世情，因地制宜，因时制宜，与时偕行，与时俱进，以合乎历史发展之潮流、社会进步之规律、文明演进之大势。

> 道私者乱，道法者治。
>
> ——韩非《韩非子·诡使》

道者，导也，引导、遵循之意。这句话的意思是，引导人们一心为私、以公为私，徇私舞弊，私欲横流，国家必乱；引导人们懂法守法，有法必依，违法必究，法律面前人人平等，国家必治。

这告诉我们，第一，要去"私"字当头，要以国家、民族、集体的利益为重；第二，不要"人治"，而要"法治"，不要以人代法，无法无天，而要以法治国，严于法纪；第三，无论为官为民，人人守法。如此则国家安定，社会和谐。

商君书·开塞（节选）

天地设而民生之①。当此之时也，民知其母而不知其父，其道亲亲②而爱私。亲亲则别③，爱私则险④。民众而以别险为务，则民乱。当此时也，民务胜而力征⑤。务胜则争，力征则讼⑥，讼而无正，则莫得其性⑦也。故贤者立中正，设无私，而民说⑧仁。当此时也，亲亲废，上贤⑨立矣。

①天地：指自然界。设：创立，形成。民：这里指人类。

②亲亲：爱自己的亲人。前一个"亲"是动词，后一个"亲"是名词。

③亲亲则别：爱自己的亲人就要做到区分亲疏远近。

④爱私则险：贪图私利就会作奸行险。险：险恶，为追求私利而损害别人的行为。

⑤务胜而力征：力求压服别人和竭力夺取财物。务：力求。力征：凭强力争夺。

⑥讼：争辩，争吵。

⑦莫得其性：得不到合乎情理的解决方法。性：指人的欲望和要求。

⑧说：同"悦"，喜爱。

⑨上贤：推崇贤德的人。上：同"尚"，推崇，尊重。

凡仁者以爱利为务，而贤者以相出为道①。民众而无制②，久而相出为道，则有乱。故圣人承之③，作为土地、货财、男女之分。分定而无制，不可，故立禁④；禁立而莫之司⑤，不可，故立官；官设而莫之一⑥，不可，故立君。既立君，则上贤废而贵贵⑦立矣。

①贤者以相出为道：贤德的人以相互超越对方作为原则。出：超出。

②民众而无制：人员众多，又没有一定的制度来约束。制：制约，约束。

③圣人承之：圣人接着（贤德的人）起来。

④立禁：订立法律。禁：禁律。

⑤禁立而莫之司：法律订立了，如果没有人来执行管理。司：执行，管理。莫之司，是"莫司之"的倒装。

⑥一：统一。

⑦贵贵：尊重贵族。前一个"贵"是动词，后一个"贵"是名词。

　　然则上世①亲亲而爱私，中世上贤而说仁，下世贵贵而尊官。上贤者以道相出也，而立君者使贤无用也。亲亲者以私为道也，而中正者使私无行也。此三者非事相反也②，民道弊③而所重易④也，世事变而行道异⑤也。故曰：王道有绳⑥。

 注释

　　①上世：上古，下文"中世"指中古，"下世"指近世。商鞅把历史划分为"上世""中世""下世"三个阶段，说明他看到了历史的发展。但这样划分不科学。马克思主义认为，生产力和生产关系、经济基础和上层建筑的矛盾是社会发展的根本原因。生产方式的变化，决定社会性质的变化。人类社会历史的划分，是以生产方式的变化为根据的，如原始社会、奴隶社会、封建社会、资本主义社会和共产主义社会。

　　②此三者非事相反也：这三世的行事（指上世亲亲而爱私，中世上贤而说仁，下世贵贵而尊官）并不是故意彼此相反。

　　③弊：有弊病。

　　④所重易：所注重的地方改变了。

　　⑤世事变而行道异：社会情况起了变化，所奉行的原则也就不同了。

　　⑥绳：准则。

　　圣人不法①古，不脩今②。法古则后于时，脩今则塞于势③。周不法商，夏不法虞④，三代异势，而皆可以王。故兴王有道，而持⑤之异理。武王逆取而贵顺⑥，争天下而上⑦让。其取之以力，持之以义。今世强国事兼并⑧，弱国务力守，上不及虞、夏之时，而下不脩汤、武。汤、武塞⑨，故万乘莫不战，千乘莫不守⑩。此道之塞久矣，而世主莫之能废也⑪，故三代不四⑫。非明主莫有能听也，今日愿启之以效⑬。

 注释

　　①法：效法。

　　②脩：与"循"形近而误。循今：拘守现状。

　　③塞：阻塞。势：趋势，形势。

　　④虞：虞舜，古代传说中的帝王。

　　⑤持：保持。

　　⑥武王逆取而贵顺：武王背叛商朝夺取政权，但提倡顺从君主。逆：反叛。贵：以……为贵。

　　⑦上：通"尚"，崇尚。

　　⑧兼并：吞并。

　　⑨汤、武塞：商汤、周武王之道已不能适应形势的发展，行不通。

　　⑩万乘：万辆兵车，指大国。千乘指小国。乘（shèng）：古代称兵车，四马一车为一乘。

　　⑪废：借为"发"字，打通。

⑫三代不四：指夏、商、周之后再没有出现能同三代相比的第四个朝代。

⑬启：陈述，说明白。效：功效。

译文

开天辟地以后，就有了人。在那个时候，人们只知道自己的母亲，而不知道谁是自己的父亲。他们所奉行的原则是爱自己的亲人和贪图私利。只爱亲人，就有亲疏差别；贪图私利，就要损害别人。人多了，又都竭力维护亲疏的差别和损害别人，天下就乱了。到这个时候，人们总是力求压服对方，用强力夺取财物。力求压服对方，就有斗争；用强力夺取财物，就要争吵。争吵得不到公正的处理，人们也就无法按照自己的愿望去生活。所以贤人出来提倡公正，主张无私，于是人们都乐于讲仁。在这个时候，人们只爱自己亲人的原则被抛弃，崇尚贤人的思想就确立了。

凡是讲仁德的人都乐意把便利别人当作自己的义务，贤德的人都把超出别人奉为处世的原则。人多了，没有约束，老是以超出别人为处世的原则，社会自然又乱了。所以圣人应时而起，规定了土地、货财、奴隶的私有权。私有权确定了，没有法制不行，所以就建立了法律；法律建立了，没有人去掌管它也不行，所以就设置了官吏；官吏设置了，没有人统率他们还是不行，所以就立了国君。既然立了国君，那么崇尚贤人的原则就被废弃，而尊重贵人的思想便树立起来了。

这样看来，"上世"是只爱亲人，贪图私利；"中世"是崇尚贤人，乐意讲仁；"近世"是尊重贵人，遵从官吏。崇尚贤人，是以超出别人为处世原则，而立了国君，就使崇尚贤人的原则不适用了；只爱亲人是以自私为原则，而提倡公正，就使自私的原则也行不通。这三世的行事并不是故意彼此相反，而是人们原来遵循的原则被破坏，所注重的方面也就改变了；社会情况变化了，治理的办法也就不同了。所以说，开创王业有一定的准则。

圣人不效法古代，不拘守现状。效法古代，就要落后于时代；拘守现状，就会阻碍形势的发展。周代不效法商代，夏代不效法虞舜时代，三代的形势不同，都能为天下王。所以，取得天下有一定的道理，保持统治却有另一套办法。周武王造反取得政权，却提倡服从国君；他争得了天下，却崇尚谦让；他夺取政权用暴力，保持政权却用礼义。现在的强国都从事兼并战争，弱国都努力防守，上不如虞、夏的时候，下又不学习汤、武。汤、武取得天下的道路被堵塞，所以大国没有不从事兼并战争的，小国没有不努力防守的。这条道路已被堵塞很久了，当代的君主都没能去打通它，所以没有出现像夏、商、周三代那样的第四个朝代。这样的意见，不是明君是听不进去的，今天我愿意从实际效果的角度来说明这个道理。

解析

商鞅，战国中期卫国人，后来在秦国变法有功，被封为"商君"。后人辑录他的政治主张成为《商君书》，现存 24 篇。《开塞》是《商君书》中极为重要的一篇。开塞即排除障碍，意思是清除奴隶主阶级法古循礼的反动路线，为实行法治、巩固和发展封建制度开辟道路。这篇文章主要阐明"世事变而行道异"的进化历史观和"胜法之务，莫急于去奸；去奸之本，莫深于严刑"的法治思想，表现了商鞅主张革新前进，反对复古倒退，主张"前刑而法"（即法治），反对"先德而治"（即礼治）的革命精神。文章根据上世、中世、下世政教各不相同的情况，说明人类社会总是不断变化的，每个历史时代都有自己的特点，因此治国之道也应不同，从而提出了"不法古，不循今"的战斗口号和"开塞"的变法路线。由于社会的发展，汤武之道"塞久矣"，儒家的"礼治"早已行不通了，必须开其塞，实行"刑治"，"刑多而赏少"，"藉以刑去刑"，充分发挥地主阶级专政的作用，狠狠打击奴隶主阶级的反动势力。

当然，我们也应该认识到，商鞅对于历史阶段的划分和认识是不科学的。他的"刑治"也包含着对劳动人民的镇压，存在剥削和压迫劳动人民的一面。这是由他所代表的剥削阶级的本质所决定的。

韩非子·五蠹（节选）

上古之世，人民少而禽兽众，人民不胜①禽兽虫蛇。有圣人作②，构木为巢以避群害③，而民悦之④，使王天下⑤，号之曰有巢氏⑥。民食果蓏⑦蚌蛤，腥臊恶臭而伤害腹胃，民多疾病。有圣人作，钻燧⑧取火以化腥臊，而民悦之，使王天下，号之曰燧人氏。中古之世，天下大水，而鲧、禹决渎⑨。近古之世，桀、纣暴乱，而汤、武征伐。今有构木钻燧于夏后氏之世者，必为鲧、禹笑矣；有决渎于殷、周之世者，必为汤、武笑矣。然则今有美⑩尧、舜、汤、武、禹之道于当今之世者，必为新圣⑪笑矣。是以圣人不期修古，不法常可⑫，论世之事，因为之备⑬。

①不胜（shēng）：受不住。

②作：起来，出现。

③构：搭建，架起。以：表目的的连词，来。

④悦之：喜欢他。之：代指那个构木为巢的人。

⑤王（wàng）：这里用作动词，称王。王天下：统治天下。

⑥号：称。有巢氏：和下文的燧人氏都是我国古代传说中的帝王。

⑦果蓏（luǒ）：果实的统称。木本植物的果实叫果，草本植物的果实叫蓏。

⑧钻燧：用尖锐的石器钻木，使其摩擦生火。

⑨鲧（gǔn）：传说是禹的父亲。禹建立了夏朝，称夏后氏。决：开掘，疏浚。渎（dú）：河道。

⑩美：赞美，称颂。

⑪新圣：当时新出现的圣人，指新兴地主阶级的政治代表人物。

⑫期：期望，要求。修，研习。法，效法。常，永久。可，适宜。这两句是说，所以圣人不沿袭古法，不墨守成规。

⑬论：考察，分析。世，当代。备，设备，措施。

译文

上古时代，人口稀少，而禽兽众多，人民受不了禽兽虫蛇侵害的困苦。有一位圣人出现了，他教人民模仿鸟巢用木材搭盖住处，来防御各种禽兽的侵害，大家爱戴他，推举他统治天下，称他为有巢氏。人民经常吃的瓜果和蚌蛤，不但气味腥臊恶臭，而且伤害肠胃，因此，人民患疾病的很多。有一位圣人出现了，他教人民用燧钻木取火，烧熟食物消除腥臊气味，大家爱戴他，推举他统治天下，称他为燧人氏。中古时代，天下洪水泛滥，鲧和禹率领人民开挖河道，治理水患。近古时代，夏桀、商纣残暴昏乱，商汤、周武王兴师征讨。如果在夏朝还有人搭盖鸟巢式的住处，钻木取火，必定为鲧、禹所笑；在殷朝、周朝还有人把开挖河道看成当务之急，必定为商汤、周武王所笑。那么，在今天还有人赞美尧、舜、汤、武、禹的老一套原则和方法，必定为新圣人所笑了。因此，圣人不希望沿袭古法，不墨守成规，而针对当时的社会情况采取相适应的措施。

解析

《五蠹》是反映韩非的历史观和政治思想的重要论文。文章把学者（儒家）、带剑者（侠士）、言谈者（纵横家）、患御者（害怕作战的人）和商工之民（工商业者）比作五种害人的蛀虫——五蠹，对他们都进行了揭露和批判，要求加以取缔，同时提出了奖励耕战富国强兵的政策。选文部分通过说明上古、中古、近古三个历史时期的不同情况而产生的不同办法来阐述"圣人不期修古，不法常可，论世之事，因为之备"的观点。其目的在于批驳儒家学者"法先王"的保守主张，作为改革的理论依据。韩非的主张，反映了历史潮流，对建立统一的中央集权的封建国家起了很大作用。

荆人涉澭

荆人欲袭宋，使人先表澭水。澭水暴益，荆人弗知，循表而夜涉，溺死者千有余人，军惊而坏都舍。向其先表之时，可导也，今水已变而益多矣，荆人尚犹循表而导之，此其所以败也。今世之主法先王之法也，有似于此。其时已与先王之法亏矣，而曰此先王之法也，而法之。以此为治，岂不悲哉！

译文

楚国人要去偷袭宋国，派人先在澭水里设立标记。澭河里的水突然上涨，楚国人不知道，还是顺着（原来的）标记在夜间渡水，（结果被）淹死的有一千多人。楚军惊恐万状，溃不成军，就像都市里的房屋倒塌一样。以前他们设立标记的时候，是可以（根据标记）渡水的，现在水位已经变化，水涨了很多，（可是）楚国人还是照着原来的标记渡水，这是他们惨败的原因。现在的国君取法先王的法令制度，就有些像这种情况。时代已经与先王的法令制度不相适应了，但还在说这是先王的法令制度，因而取法它。用这种方法来治理国家，难道不可悲吗？

解析

该典出自《吕氏春秋·察今》。《吕氏春秋》，亦名《吕览》，为战国末期秦相吕不韦（？—公元前235）集合门客所编写，是杂家代表著作。文章篇幅大多不长，组织却很严密，善于设喻，运用寓言、故事说理，颇为生动。吕不韦汇合先秦诸子各派学说，目的在于为当时秦国统一天下、治理国家提供思想武器。"察今"的题意，即制定法令制度必须考察当今的实际情况，它体现了法家因时变法的先进思想。

从现象观察，荆人似乎做事很仔细，战前准备很充分，可是，就是这种"仔细"和"充分"葬送了他们。因为他们忽略了最重要的一点：事物是发展变化的，人的认识必须与时俱进。该寓言劝勉为政者要明白世事在变，若不知改革，就无法治国。这个故事对那些思想僵化、墨守成规、看不到事物发展变化的人是一个绝妙的讽刺。我们要学会用动态的、发展的眼光看问题，切忌静止、孤立地分析问题。忘记了对具体情况作具体分析，忘记了适应已经发展和改变的局势而改换对策，事必败也。

守株待兔

宋有人耕田者，田中有株，兔走触株，折颈而死，因释其耒而守株，冀复得兔，兔不可复得，而身为宋国笑。今欲以先王之政，治当世之民，皆守株之类也。

译文

宋国有一个人正在耕田，看到一只兔子飞跑过来，一头撞在田里的树桩子上，颈骨折伤而死，于是放下农具，守着树桩子，希望继续得到撞死的兔子。兔子是不会再得到的，而他自己却被宋国人所嘲笑。今天一心要用先王的制度来治理当代人民的人，和守株待兔的人是一类的。

解析

该典故出自《韩非子·五蠹》。韩非用他所擅长的以寓言说理的手法，以宋国人来比喻极力主张"法先王"的儒、墨学者，严厉批评他们因循守旧，不懂变通。韩非认为，在当时社会如果依然沿用先王之政，就像"守株待兔"一样，必然得不到好的结果。

社会处在不断前进发展之中，改造社会的方式也应该随之变化。一种治世之方能否发挥作用，关键要看它是否能适应时代的发展潮流。尽管某种治世之方在历史上曾经发挥过重要作用，但如果把它运用到另外一种社会背景中，就需要重新审视其正确性与合理性，因为条件发生了变化，改造社会的方法也必然要发生变化。从历史唯物主义角度来看，韩非的这一观点具有明显的进步性。

因循守旧是发展的大敌，锐意改革才是发展之道。只有紧跟时代的步伐，开拓进取，与时俱进，才可能在社会的变革中立于不败之地。

泓水之战

宋公及楚人战于泓。宋人既成列，楚人未既济。司马曰："彼众我寡，及其未既济也，请击之。"公曰："不可。"既济而未成列，又以告。公曰："未可。"既陈而后击之，宋师败绩。公伤股，门官歼焉。国人皆咎公。公曰："君子不重伤，不禽二毛。古之为军也，不以阻隘也。寡人虽亡国之余，不鼓不成列。"

译文

宋襄公和楚国人在泓水交战。宋军已经排成战斗的行列，楚国人没有全部渡过泓水。司马（子鱼）说："对方人多，我方人少，趁着他们没有全部渡过泓水，请攻击他们。"宋襄公说："不行。"楚军全部渡河，但尚未摆好阵势，子鱼再次报告。宋襄公说："还不行。"楚军摆好阵势后，宋军才攻击楚军。宋军大败，宋襄公大腿受伤，禁卫官被杀绝了。国人都责备宋襄公。宋襄公说："君子不再杀伤已经受伤的敌人，不俘虏头发斑白的老人。古代用兵的道理，不凭借险要的地形狙击敌人。我即使是亡国者的后代，也不攻击没有摆好阵势的敌人。"

解析

该典故出自《左传》。在泓水之战中，尽管就兵力对比来看，宋军处于相对的劣势，但如果宋军能凭恃占有泓水之险这一先机之利，采用"半渡而击"灵活巧妙的战法，先发制人，是有可能以少击众，打败楚军的。遗憾的是，宋襄公奉行"蠢猪式的仁义道德"（毛泽东语），死守商周时的古礼（《司马法》中记录了一些古代的军礼，其中一条便是"成列而鼓，是以明其信也"），最终覆军伤股，为天下笑。

泓水之战规模虽不很大，但是在中国古代战争发展史上却具有一定的意义。它标志着商周以来以"成列而鼓"为主要特色的"礼义之兵"行将寿终正寝，新型的以"诡诈奇谋"为主导的作战方式正在崛起。所谓的"礼义之兵"，就是作战方式上"重偏战而贱诈战""结日定地，各居一面，鸣鼓而战，不相诈"。它是陈旧的密集大方阵作战的必然要求。但是在春秋末期，由于武器装备的日趋精良，车阵战法的不断发展，它已开始不适应战争实践的需要，逐渐走向没落。宋襄公无视这一情况的变化，拘泥于"不鼓不成列""不以阻隘"等旧兵法教条，招致惨败实在是不可避免的。

"惟楚有材，于斯为盛！"

湖湘文化，是指一种具有鲜明特征、相对稳定并有传承关系的历史文化形态。从约3000年前的商朝开始到1000多年前的北宋，湖南地区的文化代表为北部楚文化和西部、南部的苗蛮文化、百越文化等。由于历史的变迁发展，中原文化南下，在文化重心南移的大背景下，湖南成为以儒学文化为正统的省区，被称为"潇湘洙泗"。特别是经历了宋、元、明的几次大规模移民后，湖湘士民在人口、习俗、风尚、思想观念上均发生了重大变化，从而建构出一种新的区域文化形态，称为湖湘文化。湖湘文化的基本精神可概括为"淳朴重义""经世致用""勇敢尚武""自强不息"。

第九章

湘学

第一节　淳朴重义，经世致用

内涵概说

篆书　　　　　隶书　　　　　草书　　　　　行书　　　　　楷书

义的造字本义：吉兆之战，即神灵护佑的仁道之战。古人在征战前会举行祭祀仪式，占卜战争凶吉。如果显示吉兆，则表明战争是仁道、公正的，为神灵所助佑的。淳朴重义是湖湘文化的传统精神之一，淳朴重义即朴实厚道，重义气。"义"的含义是多方面的：为朋友两肋插刀是义，以天下为己任的爱国情怀是义，诚实守信是义，尊师重教也是义。其中诚信是淳朴重义的集中体现，是待人处事最基本的原则。诚信要求一个人既要以赤诚之心对待他人，又要带着一颗诚心去相信别人。湖南人往往做事对事不对人，不会凭自己的喜好来决定自己对正义的判断，做事讲求诚信。

篆书　　　　　隶书　　　　　草书　　　　　行书　　　　　楷书

用，象形字，甲骨文字形，像桶形。造字本义：木块箍扎成的木桶，桶可用，故引申为用。本义：使用，采用。东汉许慎《说文解字》："用，可施行也。"

"经世致用"，即重视实践的务实精神，本质是一种务实，是一种责任感，也是一种身体力行的体现。它强调理论联系实际，尤其注重解决现实中的实际问题。把治学与济国救世紧密联系起来，是湖湘文化经世致用的集中体现，对湖湘士人群体的价值取向有着终极性的指导力量。

举世皆浊我独清，众人皆醉我独醒。

——屈原《渔父》

世上的人都是污浊的，唯独我干净、清白；众人都已醉倒，唯独我一人清醒。

大家都污浊，只有我一个人清廉；大家都沉醉，只有我一个人清醒。这就是屈原被放逐的原因。试想，大家都腐败，大家都沉醉，又怎能容得下一个清廉、清醒的人呢？被排挤，被放逐了，还要落下奸邪的罪名。短短的两句话，把楚国的昏庸、腐朽概括得淋漓尽致；从另一个方面，则又把屈原的忠实、高洁对比地显示了出来。

安能以身之察察，受物之汶（mén）汶者乎！宁赴湘流，葬于江鱼之腹中。安能以皓皓之白，而蒙世俗之尘埃乎！

——屈原《渔父》

怎么可以用洁净的身体去承受污秽的东西呢？宁可投身到湘江的流水中，葬身在江中的鱼肚里，怎么可以用清白的人格，去蒙受人世间的尘土呢？

屈原沉于汨罗江这件事情，用我们今天的观点来看，完全可以有不同的看法。但是屈原自沉于汨罗江所表现出来的对自己理想的珍爱、对操守的坚持、对人生价值取向的执着精神，我们今天仍然应该抱着万分崇敬之情看待。

长太息以掩涕兮，哀民生之多艰！

——屈原《离骚》

我长叹一声啊，那眼泪止不住流了下来，我是在哀叹那人民的生活是多么的艰难！

虽然屈原是楚国贵族，是个士大夫，可由于他在流放期间与劳动人民深入接触，深深了解人民的痛苦处境，所以，他的诗歌里常有忧国忧民的诗句。这句话就表现了他对人民淳朴深切的同情。

诚者，圣人之本，百行之源也。

——周敦颐《通书》

真诚，是杰出人物的根本，也是使百业兴旺的源泉。

真诚友善是中华民族的传统美德，在物质文明高度发达的今天，以利益为重已成为一些人的首选，因此，要想让中华民族屹立于世界民族之林，还需不断加强精神文明建设。

予独爱莲之出淤泥而不染，濯清涟而不妖，中通外直，不蔓不枝，香远益清，亭亭净植，可远观而不可亵玩焉。

——周敦颐《爱莲说》

我唯独喜爱莲花，它从淤泥中长出来，却不沾染污秽，在清水里洗涤过但是不显得妖媚，它的茎中间贯通，外形挺直，不生枝蔓，不长枝节，香气远播，更加清香，笔直地洁净地立在那里，可以远远地观赏但是不能玩弄它。

纯洁、高雅、率真不仅能使自己远离不良风气的侵袭，而且还能获得别人由衷的敬佩。

君子之学，未尝离行以为知也，必矣。

——王夫之《尚书引义·说命》

有才能的人学习时，没有可以离开自己的实践而能知道的，这是必然的。

认识客观世界不能只靠主观意识，更重要的是要通过实践探索才能真正掌握客观规律，做到知行合一。

六经责我开生面，七尺从天乞活埋。

——王夫之自题湖南省衡阳湘西草堂

灿烂的古代文化促使我去开创新的局面，为实现志向，愿将生命置之度外，并求得再生。

此联是述志抒怀之作。联语慷慨激昂，一种继往开来的豪情与胆识跃然纸上。

清风有意难留我，明月无心自照人。

——王夫之自题湖南省衡阳湘西草堂

联语表面是写山居生活的清风明月，似乎十分悠闲自得，但仔细品味，却暗寓深意。上联的"清风"，指清廷。"有意"，指清王朝曾多次派人请王夫之出仕，衡州知府还亲临草堂送礼，恭请王出山。结果呢，"难留我"，都遭到王夫之的拒绝。下联的"明月"，指明朝。"无心"，指王夫之等人虽有抗清的决心和行动，但得不到明政权的重视。"自照人"三字，抒发了作者眷故国以及不能发挥作用的无可奈何的心情。全联巧用比喻抒写心志，含蓄地表现了作者的政治态度和民族气节，字字掷地有声，文词简练，含意深远，令人叹服。

> 为以夷攻夷而作，为以夷款夷而作，为师夷长技以制夷而作。
>
> ——魏源《海国图志》

是为用洋人的方式与洋人斗争而作，为用洋人的方式与洋人交往而作，为学习洋人的先进技术而制服洋人而作。

善于学习别人的长处，博采众长，补己之短，就会少走弯路，使自身在短时间内得到完善。

> 用人者，取人之长，辟人之短；教人者，成人之长，去人之短也。
>
> ——魏源

一个明智的用人者，应该尽量让人才处在适合他发挥自己特长的地方，而避免让其处在不合适的位置；在教育他人的方式上，肯定对方的长处，发展对方最有优势的环节，让人才脱颖而出成就事业，利于其克服自身原有的弱点，而不是抓住对方的小辫子不放。

在教育实践中，老师培养学生的特长，特别是差生的特长，仅仅是完成了一半工作，另外的一半工作应当是利用学生发挥特长建立起来的自信，帮助学生发展不擅长的方面。在发挥长处之余，努力"补短"，变短为长，促进自我完善和全面发展。扬长补短会使优势有所创新，短处有所突破，素质更为全面，能力更为突出。

> 身自不俭，断不能范家。家之不俭，必至于累身。
>
> ——陶澍

治理家政，如果自己没有做到节俭，在家里就绝对不可能起到模范治家的作用，也不能治理好家政。一个家庭不讲求节俭，到头来必定会累及自身。

钱财花起来容易挣起来难。如果平时不会积蓄，用时不节俭，就有可能旧债未还，新债又来，形成恶性循环，包袱越背越重，家庭矛盾越来越大。因此，平时勤俭持家，遇事才能从容应付。

毋避艰险，毋恋富贵。

——罗泽南

遇到艰难险阻不要躲避，有了荣华富贵不要贪恋。

人生在世做人做事要有毅力，要有吃苦精神。有了迎难而上的勇气，才能干出一番事业；如果一味贪图享受，就会迷失人生的方向。

童蒙之年，早立其基。

——罗泽南

教育从幼儿时期开始，及早打下良好的基础。

罗泽南认为学习要从儿童期开始，把握幼儿教育的特点，重视启蒙教育。"从小学习，从自身的修养开始，长大以后才有可能经邦济世，治国平天下。"

莫问收获，但问耕耘。

——《曾国藩家书》

不要在乎最终的结果是什么，只要用心做好自己该做的就行了。

"山不问结果，仍然傲然挺立，高耸入天；河不问结果，仍然奔流到海，不舍昼夜。"

"莫问收获，但问耕耘"，曾国藩最先说过这句话。很多人都以为曾国藩只要耕耘，不要收获。其实不然。曾国藩的意思是你耕耘就好了，不要去担心收获。只要耕耘，自然有一天你就会有收成。

打仗不慌不忙，先求稳当，次求变化；办事无声无息，既要精到，又要简洁。

——《曾国藩家书》

曾国藩这段话描述了一种极为老练的做事风格：一是稳，二是隐。不慌不忙，盈科后进。

"盈科后进"，这个词出自《孟子》，意思是，水流遇到坑洼，要灌满它后，才能继续前流。比喻做人做事踏踏实实，顺乎自然，一步一个脚印。办事无声无息，其实就是一个"隐"字，有隐蔽、隐藏、低调之意，这是有普遍意义的。

另外，"精到"与"简洁"则强调做事的创新性和可操作性。对于企业来讲，最重要的是"赢利模式"，尤其强调这两点。

> 家俭则兴，人勤则健；能勤能俭，永不贫贱。
>
> ——《曾国藩家训》

家族保持俭朴的传统，就能够兴旺。人保持勤劳，就能够健康。家族能够勤劳俭朴，那么生活就永不会贫贱。

一个家能够保持兴盛发达，一个最简单的道理，就是要学会勤俭过日子，富的时候不骄傲，贫的时候不气馁，由俭来打理自己的生活。勤既可以健壮自己的身体，同时又使劳作变成日常生活中很平常的一件事情。永葆勤和俭，一个家族才会永续发展下去。

> 吾人只有进德、修业两事靠得住。
>
> ——《曾国藩家书》

进德就是提升德行修养，修业就是提升才能事业。说白了就是，一个德、一个才，一个内在的力量、一个外在的成果，相辅相成，不可偏废，如车之两轮，鸟之双翼。

我们进德、修业无非两方面：学习加实践。学习可以提高实践的效率，实践则可以检验学习的效果，彼此互相促进，互相生发，人的德与业就会不断提高。人生中只有这两样靠得住，因为只有这两样是人自己能把握的，是确定的。只要你学习、努力，发挥主观能动性，就会有收获，有提高，学一点是一点，干一点是一点。对于青年来讲，学习更占主导，所以我们要树立终身学习的思想。

> 身无半亩，心忧天下；读破万卷，神交古人。
>
> ——左宗棠

自己虽然家无半亩土地，收入难以解决温饱，心里却关心着国家民族的前途和命运；广泛阅读各类书籍，向古代贤哲仁人请教和作精神上的交往。

这是清代爱国名将左宗棠书塾中的一副对联。我们知道，读破万卷，首推名著经典；神交古人，当交心灵品格。我们要树立为国家效力的雄心抱负，心忧天下。同时只有广泛阅读各类书籍，向古代贤哲仁人请教和作精神上的交往，才能发挥所长，经世致用。

> 惟诚可以破天下之伪，惟实可以破天下之虚。
>
> ——蔡锷《曾胡治兵语录·序及按语》

只有诚实可以破除天底下的虚伪，也只有实在可以破除天底下的虚幻！

人与人之间要友善相处，不以理欺，不以势压，对方也会因此走进你的空间，快乐由此而来，友谊也会由此而发展。真诚是这世间一切的法宝，是能使世界和平的力量；任何夸夸其谈、纸上谈兵都会一事无成。只有脚踏实地，一步一个脚印地前进，才能干出一番事业。

古为今用，洋为中用。

——毛泽东

"古为今用"指弘扬古代的精粹，为今天所用；"洋为中用"指批判地吸收外国文化中一切有益的东西，为我所用。

毛泽东"古为今用，洋为中用"的思想，不仅内在地要求继承传统文化，学习借鉴国外文化，而且要求必须将对中国传统文化的继承和对外国文化的学习借鉴结合起来，既要汲取积极合理成分，也要摒弃和抵制消极落后的因素。这是毛泽东"古为今用，洋为中用"思想的重要内涵和重要指向，也是毛泽东文化思想的杰出之处。

治家篇（节选）

曾国藩

字谕纪泽儿：

胡二等来，接尔安禀；字画尚未长进，尔今年十八岁，齿已渐长，而学业未其益，陈岱云姻伯之子，号吉生者，今年入学，学院批其诗冠通场，渠系戊戌二月所生，比尔仅长一岁，以其无父无母，家渐清贫，遂尔勤苦好学，少年成名，尔幸托祖父余荫，衣食丰适，宽然无虑，遂尔酣豢①佚乐，不复以读书立身为事。古人云："劳则善心生，佚则淫心生。"孟子曰："生于忧患，死于安乐。"吾忧尔之过于佚也。

新妇初来，宜教之入厨作羹，勤于纺织，不因其为富贵子女，不事操作，大二三诸女已能做大鞋否？三姑一嫂，每年做鞋一双寄余，各表孝敬之忱，各争针黹之工，所织之布，做成衣袜寄来，余亦得察闺门以内之勤惰也。

余在军中，不废学问，读书写字，未甚间断，惜年老眼蒙无甚长进，尔今未弱冠，一刻千金，切不可浪掷光阴，四年所买衡阳之田，可觅人售出，以银寄营，为归还李家款。父母存，不有私财，士庶人且然，况余身为卿大夫乎？

余癣疾复发，不似去秋之甚，李次青十六日在抚州败挫，已详寄沅甫函中，现在崇仁，加意整顿，三十日获一胜仗；口粮缺乏，时有决裂之虞，深为焦灼，尔每次安禀，详陈一切，不可草率；祖父大人起居，阖家之琐事，学堂之功课，均须详载，切切此谕！

咸丰六年十月初二日

注释

①酣豢（huàn）：比喻用酒肉尽情享乐。酣：尽情。豢：指刍豢，即家畜。

译文

字谕纪泽儿：

胡二等来，接到你告安的信。写字笔法还是没有长进，你今年十八岁了，年纪已大了，但学问还看不到收益。陈岱云姻伯的儿子叫吉生的，今年入了学，学院把他的诗作为这次考试中的第一名。他是戊戌二月生的，比你只大一岁，因为他没有父母，家道逐渐清贫，因此他勤学苦练，少年成名。你幸亏依托祖父的余荫，穿的吃的丰盛合适，心宽没有顾虑，以致你便贪恋快乐，不再以读书自立为志向。古人说："勤劳的人会养成好的思想，懒惰的人会促长淫乐的心理。"孟子说："处在忧患中，容易使人上进，充满生机；生在安乐中，容易因懈惰而自取灭亡。"我很忧虑你的过于快乐。

新媳妇初上门，应叫她下厨房熬汤煮饭，纺纱织布，不能因为她是富贵人家出身，就不干事。大、二、三女儿已经能够做鞋子了吗？三个姑一个嫂，每年做鞋一双寄给我，各人表一表孝心，各人表现一下她们的针线功夫。所织的布，做成衣服寄来，我也要观察闺房里面那些人谁勤快谁懒惰。

我在军队里，不停止做学问，读书写字，没有怎么间断，可惜老了，眼睛昏蒙，没有什么进步。你今年还未到二十岁，一刻千金，切不可以白白浪费时光。四年所买衡阳的田地，可找人出售，把银子寄到军营，去还李家的钱。父母在，子女不存私财，老百姓家都这样做，何况我身为公卿大夫呢？

我的癣疾复发了，但不如去年秋天那么厉害。李次青十六日在抚州挫败，详细情况见寄沅甫信中。现在崇仁，加紧整顿，三十日获一胜仗；口粮缺乏，时有决裂之忧，深为焦灼，你每次写信，详陈一切，不可草率；祖父大人起居，全家之琐事，学堂之功课，均须详载，切记此谕！

咸丰六年十月初二日

解析

曾国藩（1811—1872），中国近代政治家、战略家、理学家、文学家，湘军的创立者和统帅，与李鸿章、左宗棠、张之洞并称"晚清四大名臣"。官至两江总督、直隶总督、武英殿大学士，封"一等毅勇侯"，谥曰"文正"。

《曾国藩家书》是曾国藩的书信集。该书信集记录了曾国藩前后达30年的翰苑和从武生涯，近1500封。所涉及的内容极为广泛，是曾国藩一生的主要活动和其治政、治家、治学之道的生动反映。曾氏家书行文从容镇定，形式自由，随想而到，挥笔自如，在平淡家常中蕴含真知良言，具有极强的说服力和感召力。尽管曾氏流传下来的著作太少，但仅一部家书就可以体现他的学识造诣和道德修养。

曾国藩的一生，谦虚诚实教子有方。他的儿子纪泽诗文书画俱佳，又自修英文，成为清末著名外交家；纪鸿研究古算学也取得了相当的成就，但他不幸早逝。他的孙辈也出了曾广钧这样的诗人；曾孙辈又出了曾昭抡、曾约农这样的学者和教育家。曾国藩教子有方主要体现在以下几个方面。

一、教育子孙读书的目的在于明白事理。他致力于培养孩子们读书的兴趣，注意观察他们的天赋、潜能，在此基础上再进行培养、塑造。他认为一个人只要身体好，能吟诗作文，能够明白、通晓事理，就能有所作为，就会受到人们的尊敬。他认为当官是一阵子的事，做人是一辈子的事；官衔的大小不取决于自己，而学问的多寡则主要取决于自己。

二、教育子孙要艰苦朴素。曾国藩在京城时见到不少官宦子弟奢侈腐化，挥霍无度，胸无点墨，且目中无人，因此，他不让自己的孩子住在北京、长沙等繁华的城市，要他们住在老家。并告诫他（她）们：饭菜不能过分丰盛，衣服不能过分华丽，门外不准挂"相府""侯府"的匾，出门要轻车简从，考试前后不能拜访考官，不能给考官写信，等等。因此，他的子女因为自己的父亲是曾国藩反而更担心自己的言行不够检点、学识不够渊博而损害父亲的声誉，所以他们磨砺自己，迎难而上，奋发图强。

三、身教重于言教。曾国藩很重视自己的一言一行对孩子的影响，凡要求小孩子做到的，先要求自己做到。他生活俭朴，两袖清风。传说他在吃饭遇到饭里有谷时，从来不把它一口吐在地上，而是用牙齿把谷剥开，把谷里的米吃了，再把谷壳吐掉。他要求纪泽、纪鸿也这样。他日理万机，但一有时间，就给后辈写信，为他们批改诗文；还常常与他们交换学习、修身养性的心得体会。

在教育孩子的过程之中，曾国藩既是父亲又是朋友，既是经师又是人师。他赢得了孩子们的尊敬和爱戴，他的孩子们都非常钦佩、崇拜他，把他视为自己的人生偶像和坐标。

海国图志叙

魏 源

《海国图志》六十卷，何所据？一据前两广总督林尚书所译西夷之《四洲志》，再据历代史志及明以来岛志及近日夷图、夷语①。钩稽贯串，创榛辟莽，前驱先路②。大都东南洋、西南洋增于原书者十之八，大小西洋、北洋、外大西洋增于原书者十之六③。又图以经之，表以纬之，博参群议以发挥之。何以异于昔人海图之书？曰：彼皆以中土人谭西洋④，此则以西洋人谭西洋也。是书何以作？曰：为以夷攻夷而作，为以夷款夷而作，为师夷长技以制夷而作⑤。

《易》曰："爱恶相攻而吉生凶，远近相取而悔吝生，情伪相感而利害生。"故同一御敌，而知其形与不知其形，利害相百⑥焉；同一款敌，而知其情与不知其情，利害相百焉。古之驭外夷者，诹⑦以敌形，形同几席⑧；诹以敌情，情同寝馈⑨。

然则，执此书即可驭外夷乎？曰：唯唯，否否⑩。此兵机也，非兵本也；有形之兵也，非无形之兵也。明臣有言："欲平海上之倭⑪患，先平人心之积患。"人心之积患如之何？非水，非火，非刃，非金，非沿海之奸民，非吸烟、贩烟之莠民⑫。故君子读《云汉》《车攻》，先于《常武》《江汉》，而知二《雅》诗人之所发愤⑬；玩卦爻内外消息⑭，而知大《易》作者之所忧患。愤与忧，天道所以倾否而之泰也⑮，人心所以违寐而知觉也⑯，人才所以革虚而之实也。

昔准噶尔跳踉于康熙雍正之两朝⑰，而电扫于乾隆之中叶。夷烟流毒，罪万准夷⑱。吾皇仁勤，上符列祖；天时人事，倚伏相乘⑲。何患攘剔之无期，何患奋武之无会⑳？此凡有血气者所宜愤悱，凡有耳目心知者所宜讲画㉑也。去伪，去饰，去畏难，去养痈，去营窟，则人心之寐患祛㉒，其一。以实事程㉓实功，以实功程实事，艾㉔三年而蓄之，网临渊而结之，毋冯河㉕，毋画饼㉖，则人材之虚患祛，其二。寐患去而天日昌，虚患去而风雷行。传曰："孰荒于门，孰治于田？四海既均，越裳是臣。"㉗

叙海国图志。

①夷语：外文资料。

②"创榛辟莽"两句：铲除杂树野草，开辟道路。

③东南洋：指《海国图志》卷三至卷十二，其中根据《四洲志》编写的只有二卷。西南洋：指《海国图志》卷十三至卷十九，根据《四洲志》编写的只有三卷，所以说"增于原书者十之八"。大西洋：指《海国图志》卷二十四至卷三十五，有九卷根据《四洲志》编写。小西洋：指《海国图志》卷二十至卷二十三。北洋：指《海国图志》卷三十六至卷三十八。外大西洋：指《海国图志》卷三十九至卷四十三。

④中土：中国。谭：通"谈"。

⑤师：学习。长技：先进的科学技术。

⑥相百：相差百倍。

⑦诹（zōu）：询问。

⑧几席：桌子、床铺。

⑨寝馈：睡觉、吃饭。

⑩唯唯，否否：应答词，不置可否。

⑪倭：日本。

⑫莠（yǒu）民：恶人。

⑬《云汉》：《诗经·大雅》中篇名。《车攻》：《诗经·小雅》中篇名。《常武》：《诗经·大雅》中篇名。《江汉》：《诗经·大雅》中篇名。前两首诗赞美周宣王治理内政，后两首诗赞美周宣王讨伐外寇。作者借此说明要先修内政，再御外敌。

⑭卦爻（yáo）内外：《易经·爻辞》说"爻象动乎内，吉凶见乎外"。爻是构成卦的基本符号，爻象变化，可测吉凶。消息：变化。

⑮倾否而之泰：世运由不顺转入亨通。

⑯违：脱离。寐：此处喻愚昧。

⑰准噶尔：清代卫拉特的蒙古四部之一，以伊犁为中心，游牧于天山南北。跳踉（liáng）：跳梁，引申为叛乱。

⑱夷烟：鸦片。准夷：指准噶尔。

⑲倚伏：《老子》："祸兮福之所倚，福兮祸之所伏。"相乘：互相依托转化。

⑳攘剔：铲绝（鸦片）。奋武：发挥武力。会：机会。

㉑讲画：议论、筹划。

㉒养痈：比喻姑息坏人坏事。营窟：土室、穴居，比喻个人谋算。寐患：愚昧的弊病。祛：除去。

㉓程：计量、考核。

㉔艾：草药名，越陈越好。

㉕冯（píng）河：语出《诗经·小雅·小旻》："不敢冯河。"不要徒步涉水过河。

㉖画饼：比喻图虚名不务实。语出《三国志·魏志·卢毓传》。

㉗传曰：指韩愈《琴操十首·越裳操》。越裳：古南海国名。

译文

《海国图志》一共六十卷，它的依据是什么呢？一是依据前两广总督林则徐尚书所编译的西方人著的《四洲志》，二是依据历代史志和明代以来的有关海外交通的著作，还有近来传入的地图和著作。把它们探究考察编排，草创开辟，作为这方面的先驱和引导。大致来说东南洋和西南洋的内容比原书增加了十分之八，大小西洋、北洋、外大西洋部分的内容比原书增加了十分之六。并且在编排上，以地图为经，以表格说明为纬，广泛参考各种记载和评论而阐明它们。（这部书）与前人介绍世界地理的书有什么不同呢？那些书是以中国人的观念谈西洋，而这部书是以西洋人的观念谈西洋的。这部书是为什么而作呢？是为用洋人的方式与洋人斗争而作，为用洋人的方式与洋人交往而作，为学习洋人的先进技术而制服洋人而作。

《易经》上说："对事物有喜爱与厌恶的不同，两者相争斗就会有吉凶产生，要对远近不同的事物进行选择，就会有后悔或难舍的结果产生，符合实情还是虚假不实，相互作用就会有得利或受害的不同结果产生。"所以同样是与敌人作战,知道敌人的情况与不知道敌人的情况,得利与受害可以相差百倍。同样是与敌人谈判,知道敌人的情况与不知道敌人的情况,得利与受害也是相差百倍。古代驾驭外敌的人,了解敌人的情形,清楚得如同了解自己的桌子和席子,熟悉得如同了解自己的睡觉和吃饭情况。

那么拿着这书就能抵御敌人吗?是,又不是。这是用兵的计谋,不是用兵的根本。这是具体有形的用兵,不是无形的用兵。明代的大臣说过:"要平定海上的倭寇之患,先要平定人们心中积聚的祸患。"人心积聚的祸患要如何对待呢?那不是对付水患,对付火灾,对付刀兵,对付财政问题,也不是平定沿海之奸民,也不是惩治吸烟贩烟之恶人。所以君子读《云汉》与《车攻》这两首歌颂先王勤修内政的诗,要先于读《常武》和《江汉》这两首歌颂先王显赫战功的诗,从而懂得二《雅》诗人作诗的发愤之处;研究卦爻内外的消长变化,从而懂得大《易》作者的忧患之处。人们有了愤与忧,天道就摆脱否运而走向安泰,人心也就可以脱离昏睡而走向觉醒,人才就可以抛弃空谈而走向务实了。

过去准噶尔曾叛乱于康熙雍正两朝,而被迅速扫平于乾隆之中叶。今天洋烟鸦片流毒,罪过超过准噶尔部万倍。我们的皇上仁德勤政,上合于列祖;天时人事,福与祸相倚变化。何必忧虑攘除外敌遥遥无期,何必担心没有展现我们武力的时机?这些情况,凡是有血性的人应该激愤,凡是有感官和心思的人应该去议论和筹划。丢掉伪装和掩饰,丢掉畏难思想,抛弃因循姑息,抛弃营造个人小天地,那样人心的蒙昧之病就去除了。凭实际办的事来确定应得的功绩,让实得的功绩符合实际所做的事,治病用的艾草早早收藏起来,打鱼的网临到河边才织,虽然晚了,但也要努力编织好,不要徒步过河,不要画饼充饥,那样人才虚而不实的弊病就去除了。人心的蒙昧之病去除了就阳光灿烂,人才虚而不实的弊病去除了就雷厉风行。《传》曰:"谁会家门毁坏不修,而去田里劳作?四海都平定了,远方的国家也会臣服。"

叙《海国图志》。

解析

魏源(1794—1857),字默深,湖南邵阳人。近代经史学家、思想家、文学家。道光初入京师,与龚自珍结识,从刘逢禄学《公羊春秋》,编辑有《皇朝经世文编》,提倡经世实用的文章。道光二十年(1840)鸦片战争爆发后,曾入钦差大臣裕谦幕府,参与抗英斗争。后辞归扬州,撰写《圣武记》,编纂《海国图志》,致力于探求富国强兵方法,提出了著名的"师夷长技以制夷"的主张。道光二十四年(1844)始中进士。晚年皈依佛教。他主张"贯经术、政事、文章于一"(《刘礼部遗书序》)。散文多论说时务政事,观察敏锐,文笔犀利,代表了鸦片战争前后新体散文的风貌。著作今有《魏源全集》,中华书局 1976 年版。

本文选自《魏源全集》。《海国图志》编于 1842 年。鸦片战争失败后，清政府与英国签订了丧权辱国的《南京条约》。魏源为此悲愤满怀，闭门著书。他受林则徐的嘱托，在林则徐主持编译的《四洲志》的基础上，"再据历代史志及明以来岛志及近日夷图、夷语"，编写了《海国图志》。原为 60 卷，后扩充至 100 卷，成为当时我国自编的最为详尽的世界史地参考书。《海国图志·叙》中说明编写此书的目的是"为以夷攻夷而作，为以夷款夷而作，为师夷长技以制夷而作"，并进而提出了"平人心之积患"，改革内政的主张，充分表现了作者的爱国热情和政治眼光。全文开门见山，语言明快，层层深入，说理透辟，令人警醒。

屈原列传（节选）

屈原至于江滨，被发行吟泽畔，颜色憔悴，形容枯槁。渔父见而问之曰："子非三闾大夫欤？何故而至此？"屈原曰："举世皆浊而我独清，众人皆醉而我独醒，是以见放。"渔父曰："夫圣人者，不凝滞于物，而能与世推移。举世混浊，何不随其流而扬其波？众人皆醉，何不哺其糟而啜其醨？何故怀瑾握瑜，而自令见放为？"屈原曰："吾闻之，新沐者必弹冠。人又谁能以身之察察，受物之汶汶者乎？宁赴常流而葬乎江鱼腹中耳。又安能以皓皓之白，而蒙世之温蠖乎？"

译文

屈原到了江边，披散头发，在水泽边一面走，一面吟咏着。他脸色憔悴，身体干瘦。渔夫看见他，便问道："您不是三闾大夫吗？为什么来到这儿？"屈原说："整个世界都是混浊的，只有我一人清白；众人都沉醉，只有我一人清醒。因此被放逐。"渔夫说："圣人不受外界事物的束缚，而能够随着世俗变化。整个世界都混浊，为什么不随大流而且推波助澜呢？众人都沉醉，为什么不吃点酒糟，喝点薄酒？为什么要怀抱美玉一般的品质，却使自己被放逐呢？"屈原说："我听说，刚洗过头的一定要弹去帽上的灰沙，刚洗过澡的一定要抖掉衣上的尘土。谁能让自己清白的身躯蒙受外物的污染呢？宁可投入长流的大江而葬身于江鱼的腹中，又哪能使自己高尚的品质蒙受世俗的尘垢呢？"

解析

该段写屈原流放途中与渔父的对话和最后以身殉国的壮举，并用对比的手法，以突出屈原的高风亮节。渔父所述种种，对屈原来说都是反衬，目的是表现屈原的高尚志行和坚贞品德。屈原对渔父问题的回答，表现了他对昏君佞臣的憎恨和坚持操守、决不与之同流合污的政治态度。

爱国主义是千百年形成的对祖国、对人民的最深厚情感，是中华民族文化最深厚的根基所在。而屈原是中华民族爱国主义精神的一面伟大旗帜，今天纪念屈原的最重要意义就是要弘扬他的爱国主义精神。21 世纪的今天，我们仰望着这面爱国主义的大旗，要培育全民的爱国情怀和爱国之心，脚踏实地关心人民的疾苦，解决人民的困难，实现中华民族的崛起和腾飞。

周敦颐传

周敦颐，字茂叔，道州营道人。原名敦实，避英宗旧讳改焉。以舅龙图阁学士郑向任为分宁主簿。有狱久不决，敦颐至，一讯立辨。邑人惊曰："老吏不如也。"部使者荐之，调南安军司理参军。有囚法不当死，转运使王逵欲深治之。逵，酷悍吏也，众莫敢争，敦颐独与之辩，不听，乃委手版归，将弃官去，曰："如此尚可仕乎！杀人以媚人，吾不为也。"逵悟，囚得免。

译文

周敦颐，字茂叔，道州营道人。原名敦实，因避讳英宗皇帝旧名而改为敦颐。由于舅舅龙图阁学士郑向的推荐，做了分宁县的主簿。有一件案子拖了好久不能判决，周敦颐到任后，只审讯一次就立即弄清楚了。县里的人吃惊地说："老狱吏也比不上啊！"部使者推荐他，调任他到南安担任军司理参军。有个囚犯根据法律不应当判处死刑，转运使王逵想重判他。王逵是个残酷凶悍的官僚，大家不敢和他争，敦颐一个人和他争辩，王逵不听，敦颐就扔下笏板回了家，打算辞官而去，说："像这样还能做官吗？用杀人的做法来取悦上级，我是不做的。"王逵明白过来了，这个囚犯才免于一死。

解析

周敦颐，宋朝道州营道（今湖南道县）人，著名哲学家，谥号（死后所给的称号）元公，号"濂溪"，世称"濂溪先生"。理学派开山鼻祖。周敦颐著有《周子全书》行世。周敦颐曾在莲花峰下开设濂溪书院，濂溪书院是他讲学的讲坛，他的学说对以后理学的发展有很大的影响。

周敦颐生前并不为人们所推崇，学术地位也不高。人们只知道他"政事精绝"，宦业"过人"，尤有"山林之志"，性情朴实，胸怀洒脱，有仙风道骨。他从小信古好义，

"以名节自砥砺"，平生不慕钱财，爱谈名理。他认为"君子以道充为贵，身安为富"。他虽在各地做官，但俸禄甚微，即使这样，来到九江时，他还是把自己的积蓄给了故里宗族。他的这种清正廉洁、不畏强暴、敢于坚持正义的淳朴正直的品质，正是现代人民公仆需要发扬的。

宋名臣言行录——胡安国

每子弟定省，必问其习业。合意则曰："士当志于圣人，勿临深以为高。"不则嚬蹙曰："流光可惜，无为小人之归。"戚属后生艰难穷厄，但勉以进修，使动心忍性，不为濡沫之惠。士子问学，公教之，大抵以立志为先，以忠信为本，以致知为穷理之门，以主敬为持养之道。开端引示，必当其才，训厉救药，必中其病。每诵曾子之言曰："君子爱人以德，细人爱人以姑息。"故未尝以辞色假人。近世士风奔竞，惟事干谒，公在琐闱，虽抱羸疾，接纳无倦。随其品历，访以四方利病。于容貌颜色辞气间消人贪鄙，有欲启口请托者必忘言而去。

译文

每逢子弟探望，他都是先问学业。对于深合其意的，他加以诚勉："读书人要有当圣人的志向，不要刚刚领会了一些就自高自大起来。"对于不中意的，他就告诫说："人的生命可贵，不要把自己和庸碌过活的小人混在一起。"亲戚、家族中的后辈贫穷困苦时，只是鼓励他们积极向上，保持精神上的自立，而不是给予他们苟且生活的方便。门生来探讨学问，胡安国教导他们以立志为先，以忠信为本，堂堂正正做人，努力探求知识，保养心性。他还因材施教，对症下药，给他们以正确的开导和引领。他坚持曾子的格言以德化人，而杜绝以花言巧语蒙人。当时办事风气多凭关系，互相走动，他虽在官场，却不染恶习，一律平等接待，虽有病在身也不辞劳苦。他从别人的阅历和品性中，了解不同的世态人情，以和颜悦色消除求人者的贪鄙之心，使得人家深受感动，都不好意思开口提那档子事了。

解析

胡安国（1074—1138），又名胡迪，字康侯，号青山，谥号文定，学者称武夷先生，后世称胡文定公。建宁崇安（今福建省武夷山市）人，北宋学者。后迁居衡阳南岳。提倡修身为学，主张经世致用，重教化，讲名节，轻利禄，憎邪恶。胡安国父子及他们的门生所开创的湖湘文化对中国近代的影响是巨大的，对于造就湖南近世英才并推动中国历史发展起了不容置疑的促进作用。以修身养性、经世致用为典型特征的湖湘文化，是由胡安国父子创立，由他们的门生继承且发扬光大的，他们是湖湘文化的鼻祖。

胡安国以自己清正廉洁、立德正行的良好修为，给子孙后代树立了光辉的榜样，他对子孙"勤勉学习、谦虚谨慎、独立自主、诚实守信"等的严格要求，其实也是我们当代年轻人应该着重学习的。

第二节　勇敢尚武，自强不息

| 篆书 | 隶书 | 草书 | 行书 | 楷书 |

勇，读作 yǒng，形声字，本义为有胆量、敢干，表示英武之士，敢打敢拼，无所畏惧。"甬"即"用"的误写加一"力"字，表示农业时代在家庭里起关键作用的大力壮丁，敢做敢当。

从力甬声。《说文·力部》解释为："勇，气也。"《玉篇·力部》解释为："勇，果决也。"据此可以看出，"勇"之所以有勇敢、坚强、刚毅、果决之意，是因为"勇"是以"节"和"义"为底气为基础的。

"勇敢尚武"，即临难不惧、视死如归，是湖湘文化中独具的强力特色，具有鲜明的英雄主义色彩。从远古神话传说，创华夏之文明，汨罗江畔屈子沉吟，赋《九章》而作《离骚》，到近代骎（qīn）骎昌盛，英才豪杰辈出，不同的人才群体，各领风骚数百年，忠贞深厚的爱国情操与英勇无畏的精神激励着后人。

值得注意的是，"勇"并不是一味地不惧、义气与鲁莽，而是建立在正义与真理基础上的、在制度规范的范围内的果敢与坚毅，我们讲究弘扬正气英勇无畏，但绝不提倡无畏的牺牲与"伪英雄式"的冒险。克服生活和学习中的各种困难，不哀哀怨怨，不优柔寡断，也是"勇"的具体表现。

| 篆书 | 隶书 | 草书 | 行书 | 楷书 |

强，读作 qiáng，造字本义：呼啸声震撼人的大型爬行动物。现代意思为"强壮，有力，与'弱'相对"。

"天行健，君子以自强不息"，古人认为"自强不息"是"天行健"的宇宙精神的基本形态。用"自强不息""百折不挠"来形容湖南人独特的群体性格，是对湖南人这种中国独有的"霸蛮、血性"等特征的概括。尤其是明清以来，湖湘文化横空出世，孕育了一大批为追求理想信念而坚忍执着、严守民族气节而舍生取义、战胜困难而刚烈雄健的湖湘精英，引起中国乃至整个世界的瞩目。

筚路蓝缕，奋发图强，今天的湖南人正传承着这一文化精髓，在改革开放的建设大道上阔步前行！对于我们学生来说，能内心强大，能微笑面对各种挫折，做自己的主人，就是强者。

当必志于收复中原，祗奉陵寝；必志于扫平仇敌，迎复两宫。

——《宋史·胡安国传》

"祗奉"即敬奉，"陵寝"是皇帝死后安葬的地方。全句意思是：一定要以收复中原为志向，以此来敬奉陵寝；一定要以扫平仇敌为志向，以此来迎接拜请朝廷。

此语出自当时担任中书舍人的著名学者胡安国《尚志》一书，是对朝廷的建议，他力主抗金精忠报国，他大声疾呼收复中原。因不满南宋朝廷的黑暗政治和投降政策，胡安国与儿子胡宏等后来在湖南衡山附近定居，潜心研究理学并授徒讲学，创建碧泉书院、文定书院，积极从事传播理学的工作，开创了湖湘学派。

驱除鞑虏，收复失地，保我河山，自古以来就是每一位中国人最强烈的心声。湖湘人对国家更是一片赤诚。

自古为国，必有大纲，复仇之义，今日之大纲也。

——《南轩集·戊午说议》

自古以来为国家者，必有行动的纲领，复仇的大义之举，就是今日国家的行动纲领。

此语出自《张栻文集》。作者将"复仇之义"作为国之"大纲"，足可见其爱国之刚烈情怀。张栻曾师从胡宏于文定书院，因学识超群，被胡宏赞为"圣门有人，吾道幸矣"。湖湘学者具有强烈的爱国主义思想，张栻更是以力主抗金闻名于世。朱熹称他为"慨然以奋伐仇虏，克复神州为己任"。当时在张栻的影响下，湖湘弟子们不仅在思想上主张抗金，更有不少人在行动上投笔从戎，亲赴抗金战场，成为优秀的抗金将领。

有国才有家，国强才能民富。中国就是我们炎黄子孙共同的家，我们哪有理由不爱这个家？哪有借口不为这个家奉献一切？

白眼观天下，丹心报国家。

——宋教仁

文天祥说"人生自古谁无死，留取丹心照汗青"，林则徐说"苟利国家生死以，岂因福祸避趋之"。出生于湖南常德市桃源的中国"宪政之父"，被孙中山谤词称道为"宪法流血，公真第一人"的中华民国时期革命家宋教仁的这副对联，同样让我们领略到了心忧天下、忠贞报国的博大胸怀。

赤胆忠心报效国家，自古以来，每一个热血青年都应有这样的情怀和理想。

爱国如命，见义勇为。

——蔡锷

这是蔡锷的一句名言。出生于湖南宝庆（今邵阳市洞口县）的中华民国初年杰出的军事领袖蔡锷，将国家与生命等同对待。他一生中做了两件大事：一件是辛亥革命时期在云南领导了推翻清朝统治的新军起义；另一件是四年后积极参加了反对袁世凯称帝、维护民主共和国政体的护国军起义。爱国，让湖湘人敢于舍弃小我干大事，标榜青史名留百世。

值得一提的是，如今我们之所以提倡将《中学生守则》里的"见义勇为"改为"见义智为"，并不是时代不再需要"见义勇为"的正义果敢精神，而是要求我们不能鲁莽地去做无谓的牺牲，恰是为了更为智慧地发扬"见义勇为"的精神。

天下无难事，唯"坚忍"二字，为成功之要诀。

——黄兴

这是黄兴的一句名言。成功的要诀有很多，在革命者的眼里，就是坚忍不拔、隐忍自强。长沙人黄兴是辛亥革命时期的先驱和领袖，勇敢无畏，身先士卒，领导多次起义，最后壮烈牺牲，人民永远缅怀他。

"为有牺牲多壮志，敢教日月换新天。"面对近代史上"湖南人材半国中""中兴将相，十九湘湘""半部中国近代史由湘人写就""无湘不成军"的盛誉，我们在引以为荣倍感骄傲的同时，更要深知自己肩上担子的沉重。雄关漫道真如铁，未来的历史将由我们开创，唯有"坚忍"方能有所作为！

　　若道中华国果亡，除非湖南人尽死。

——杨度《湖南少年歌》

新文化运动的主将陈独秀在《欢迎湖南人底精神》一文中曾发出令人深思的疑问："湖南人底精神是什么？"他的答案即是湘潭人杨度在《湖南少年歌》中的以上这两句。只要有一个湖南人在，中国就不会亡国！

翻遍近现代史，每当国家有难、民族遭遇危机之时，湖南的仁人志士便凭借其敢于担当、勇于牺牲的精神，用血的代价让江山社稷转危为安：王夫之，一介布衣学者，在大明王朝行将坍塌之际，弃文从武，走上武装抗清的战场；黄兴，辛亥武昌起义后，带一旅湖南兵，在汉阳抵挡了数倍于己的清军；蔡锷，为反对袁世凯复辟帝制的倒行逆施，带领子弹不足的两千湖南兵，在西南抵抗十万袁军……

作为湖南人的我们，该如何继往开来为湖南的发展作出贡献？值得我们深思。

　　先天下之忧而忧，后天下之乐而乐。

——《岳阳楼记》

在天下人忧愁之前先忧愁，在天下人都享乐之后才享乐。

这句脍炙人口的名句出自宋代文学家范仲淹的名篇《岳阳楼记》。吃苦在前，享乐在后，体现了作者以天下为己任的政治抱负和伟大的胸襟胆魄。位于湖南省岳阳市古城西门城墙之上的岳阳楼也因此而闻名天下，不仅成为"江南三大名楼"之一，更是先忧后乐的精神象征。正是因为有这种自强不息、坚忍不拔、敢为人先的精神，才涌现出一代又一代勇担天下之责、无私无畏、奉献自我、引领历史潮流前进的湖湘人才群体，使得神州大地旧貌换新颜！

百折不挠，放眼世界，敢为人先，既是湖南精神的精髓，更是新时代赋予湖南人的使命，我们任重道远！

各国变法，无不从流血而成，今日中国未闻有因变法而流血者，此国之所以不昌也。有之，请自嗣同始。

——谭嗣同

纵观历史上古今中外各国的变法，没有不是用流血牺牲开创的，今日中国还没有听说有因为这变法而流血牺牲的人，这也就是我们国家不兴旺昌盛的原因。若必须有，就请从我谭嗣同开始吧！

为国家兴亡，敢吃螃蟹，敢动龙须！从我开始，向我开炮！天下兴亡，舍我其谁！这是何等的坚毅与担当，何等的从容与大气！

在现代化建设的今天，作为新生代的我们，就该有这样的气魄！

我自横刀向天笑，去留肝胆两昆仑。

——谭嗣同

这是谭嗣同的一首绝命诗。"昆仑"不是指人，也没有自比自负、自狂自傲之义。诗人这里把康有为、梁启超的逃离和自己慷慨赴死看作同样伟大，同样如昆仑一样浩气长存。从容赴死，死而无憾！

在面临国家和个人利益的抉择时，永远将国家摆在第一位，这是每个有志之士、有识之士的不二选择。让个人的利益服从并融入国家的利益中，这样的人生才永远有价值，我们在进行职业规划与选择时，就该清醒地考虑这一点。

我们要想拒洋人，只有讲革命独立。

——陈天华《警世钟》

沉睡千年，中华雄狮何人唤醒？警钟长鸣，方能奋起报国。洋人肆意妄为，国人惨遭蹂躏，好男儿当自强，除了奋起反抗革命独立，别无他法。

在辛亥革命准备时期，陈天华写下了大量宣传革命的作品。他不愧是中国资产阶级民主革命的杰出先驱者和出色宣传家，同时又是一位爱国的进步思想家。

落后就要挨打，不忘国耻，警钟长鸣。

须知要想自强，当先去掉自己的短处。

——陈天华《警世钟》

知己知彼，方能百战不殆。年轻的陈天华东渡日本，寻找救国图存的道路，在《警世钟》一书中提出了"十个须知"。他发出的声声呐喊，至今仍振聋发聩，回响在我们的耳边。

每个人都有自己的缺点与软肋，这并不可怕。取人之所长，补己之所短，在持之以恒的学习中，就会逐渐变得强大起来。闭门造车会不合辙，异想臆断解决不了问题，人最大的敌人就是自己，战胜自己，就一定能战胜敌人。

男儿自立，必须有倔强之气。

——《曾国藩家训》

这是曾国藩祖父对曾国藩的教导。有骨气，是崇高伟人的一大特质；成功者，也少不了"吃得苦，霸得蛮，耐得烦"的倔强之气。行百里者半九十，皆因犟劲不足。当然，倔强之气并非莽汉的刚愎自用与一意孤行，而是认准正确的目标矢志不渝。

良好的家风代代相传，优良的传统永不抛弃。人活着是需要点骨气的。让我们都有"咬定青山不放松，立根原在破岩中"的劲头，为实现自己的人生梦想和中华民族伟大复兴的中国梦而傲骨铮铮，永不放弃梦想。

放开手，使开胆，不复瞻前顾后。

——《曾国藩家书》

放开手脚，鼓足勇气，不要再顾虑太多、犹豫不决。

生活中无数失败的事例表明，"怕"字当头，必优柔寡断，畏手畏脚，终究成不了大事。人要有股子冲劲，敢于作为，敢于负责，大不了东山再起，从头再来。

可上九天揽月，可下五洋捉鳖，谈笑凯歌还。世上无难事，只要肯登攀。

——毛泽东《水调歌头·重上井冈山》

九天，天的极高处。捉鳖，喻擒拿敌人。前三句的意思是：可以登上长空摘月亮，也可以潜下海洋捉鱼鳖，谈笑间高奏凯歌还师。

毛主席以无产阶级革命家的豪迈气魄，表达中华儿女的凌云壮志，上天入海，无所畏惧，谈笑风生，唱着凯歌从容而归。"世上无难事，只要肯登攀"，多么浅显又深刻的道理！胜利永远属于不畏艰难、勇敢攀登的英雄！

与天斗，其乐无穷；与地斗，其乐无穷；与人斗，其乐无穷。

——《毛泽东选集》

人是具有主观能动性的，只要作出了努力，就能够有所收获，就能够从努力中获得胜利的乐趣。此句充分体现了毛主席的革命乐观主义精神。

人生到底是一场悲剧还是一场喜剧，这是一个众说纷纭的人生哲学话题，但关键在于人自身。世界以痛吻我，我报之以歌。勇敢无畏的人，自强不息的人，总能在荆棘中摘取最美的玫瑰。

忠诚印寸心，浩然充两间。

——蔡和森

我及我的同志们都是赤胆忠心，我们的浩然之气充盈于天地之间。

蔡和森，湖南省双峰县永丰镇人。中国共产党早期的重要领导人，杰出的共产主义战士，无产阶级革命家、理论家和宣传家。蔡和森和毛泽东二人在湖南一师的恩师杨昌济曾给当时的教育总长章士钊写信说："君不言救国则已，救国必先重二子。"

蔡和森后因叛徒出卖而被捕牺牲，年仅 36 岁。2009 年被评为 100 位为新中国成立作出突出贡献的英雄模范之一。妻子向警予，湖南溆浦县人，无产阶级革命家，是中国共产党唯一的女创始人，也因叛徒出卖而牺牲，年仅 33 岁。

死不足惜，将有限的生命写成了一座永恒的历史丰碑，将坚毅的脸庞永远地刻在岁月的长河中，热血的青年，就该有这样无畏、大写的青春！

莫美牡丹称富贵，都输梨橘有余甘。

——齐白石

不要羡慕牡丹是富贵的象征，它们和梨橘相比，都缺少了几分清新的甘甜。

齐白石，湖南湘潭人，是近现代中国绘画大师，世界文化名人。齐老还是一位很有民族气节的知识分子，为拒绝日寇、汉奸官僚到他家来购画，特地在自己门上贴出了"画不卖与官僚，窃恐不祥"的"告白"，这是何等的高风亮节与铮铮傲骨，令人拍手称快与景仰敬佩！

爱国有很多种方式，抛头颅洒热血固然是爱国，用言行维护国家与民族的尊严也是爱国。学好扎实的本领，不忘初心，将自己的梦想与祖国的梦想联系起来，并努力实现，同样是一种最实在最具体的爱国表现。

孤独一点，在你缺少一切的时候，你就会发现，你还有个你自己。

——沈从文

世上没有救世主，如果说有，那就是自己。因此，任何时候，都不能绝望，自强不息才是唯一的出路。

沈从文，湖南凤凰人，中国著名作家。先生的一生坎坷而顽强，他曾经只是来自偏远湘西的清贫男子，后来又遭遇了许多风波，但他仍坚守自己对文学的追求。他的作品充满了对人生的隐忧和对生命的哲学思考，在世界上有着巨大而深远的影响。

孤独是一面镜子，照出灵魂的纯净；孤独是一剂良药，给予奋斗以力量。在无人喝彩的时候，静心反思，抚慰休整，再微笑拥抱升起的太阳，路就会这么走出来，且越走越宽！

曾国藩家书（节选）

因心横虑，正是磨炼英雄，玉汝于成①。李申夫②尝③谓余，恼气从不说出，一味忍耐，徐图④自强，因引言曰："好汉打脱牙，和血吞。"此二语是余平生咬牙立志之诀⑤。余庚戌辛亥间为京师权贵所唾骂，癸丑甲寅为长沙所唾骂，乙卯丙辰为江西所唾骂，以及岳州之败，靖江之败，湖口之败，盖打脱门牙之时多矣。无一次不和血吞之。弟此次郭军之败，三县之失，亦颇有打脱门牙之象⑥。来信每怪运气不好，便不似好汉声口⑦；惟有一字不说，咬定牙根，徐图自强而已。

①汝：你。玉汝：像打磨璞玉一样磨炼你，使你成功。现多指逆境可以帮助一个人取得成功。多用于艰难困苦条件下。

②李申夫（1819—1889），名榕，号六容。清朝四川剑州（今四川省剑阁县下寺乡河马沟）人。道光丙午（1846）举人，咸丰壬子（1852）进士，改翰林院庶吉士，转礼部主事。

③尝：曾经。

④徐图：慢慢谋划、寻求。

⑤诀：诀窍，口诀。

⑥象：迹象，情形。

⑦声口：口气，口吻。

译文

心意困苦，思虑阻塞，正是磨炼英雄，使他能成功的原因。李申夫说我与人怄气从来不说出，而是特别能忍耐，一步步寻求自强之道，因而引用俗语说："好汉打掉了牙，和血吞下去。"这正是我咬牙立志的诀窍。我在庚戌辛亥年间曾经被京城中的权贵所唾骂，癸丑甲寅年间被长沙人所唾骂，乙卯丙辰年间被江西人所唾骂，也经历过岳州之败、靖江之败、湖口之败，被打掉牙的时候多了，没有一次不是连血一块吞下去的。弟这次败于郭军，三县失守，就有点被打掉门牙的迹象。你来信每每总怪运气不好，这就不像是好汉的口吻；唯一的办法便是一个字也不说，紧咬牙关，慢慢地再寻求自强罢了。

解析

看完曾国藩这段致其弟的信，不禁令人对曾国藩的坚忍精神充满敬仰之情。曾国藩能成为"中兴第一名臣"，力挽清朝颓势于既倒，与他的坚忍之性是分不开的。曾国藩秉承祖父的教导，以懦弱无刚为耻，崇尚坚忍实干。古今中外能成大家者，无不靠"自强"二字。成功往往在于能咬牙坚守到最后，熬过了黎明前最黑暗的时光，就会柳暗花明拥抱阳光了。

曾文正公不仅在得意时埋头苦干，更是在失意时决不灰心。他在安慰其弟曾国荃连吃两次败仗的信中说："另起炉灶，重开世界，安知此两番之大败，非天之磨炼英雄，使弟大有长进乎？谚云：'吃一堑，长一智。'吾生平长进，全在受挫辱之时。务须咬牙励志，费其气而长其智，切不可徒然自馁也。"正如孟子所云："天将降大任于斯人也，必先苦其心志，劳其筋骨，饿其体肤。"能经受住磨炼之人，必是杰出之英雄。

同学们，让我们抬起头来，将生活中的每一次困难都看成是考验自己的良机，玉汝于成，打磨自己，升值自己，创造自己！

警世钟（节选）

杀呀！杀呀！杀呀！于今的人，都说中国此时贫弱极了，枪炮也少得很，怎么能和外国开战呢？这话我也晓得，但是各国不来瓜分我们中国，断不能无故自己挑衅，学那义和团的举动。于今各国不由我分说，硬要瓜分我了，横也是瓜分，竖也是瓜分，与其不知不觉被他瓜分了，不如杀他几个，就是瓜分了也值得些儿。俗语说的，"赶狗逼到墙，总要回转头来咬他几口"。难道四万万人，连狗都不如吗？洋兵不来便罢，洋兵若来，奉劝各人把胆子放大，全不要怕他。读书的放了笔，耕田的放了犁耙，做生意的放了职事，做手艺的放了器具，齐把刀子磨快，子药上足，同饮一杯血酒，呼的呼，喊的喊，万众直前，杀那洋鬼子，杀投降那洋鬼子的二毛子。满人若是帮助洋人杀我们，便先把满人杀尽。"手执钢刀九十九，杀尽仇人方罢手！"我所最亲爱的同胞，我所最亲爱的同胞，向前去，杀！向前去，杀！向前去，杀！杀！杀！杀我累世的国仇，杀我新来的大敌，杀我媚外的汉奸。杀！杀！杀！

奋呀！奋呀！奋呀！于今的中国人怕洋人怕到了极步，其实洋人也是一个人，我也是一个人，我怎么要怕他？有人说洋人在中国的势力大得很，无处不有洋兵，我一起事，他便制住我了。不知我是主，他是客，他虽然来得多，总难得及我。在他以为深入我的腹地，我说他深入死地亦可以的。只要我全国皆兵，他就四面受敌，即有枪炮，也是寡不敌众。

解析

陈天华（1875—1905），湖南新化县人。1901年，当丧权辱国的《辛丑条约》签订的消息传来时，陈天华悲痛万分，决心东渡日本，寻找救国图存的道路。1903年3月，29岁的陈天华，由新化实业中学资助，作为官费留学生前往日本。1903年秋，陈天华看到祖国主权失矣，利权去矣，便撰写了《警世钟》。当时清政府暗中勾结日本政府，企图镇压革命活动，于1905年11月，由日本文部省颁布了一项《取缔清韩留学生规则》。这激起了8000多名留日学生罢课表示抗议。但由于当时抗议斗争未能取得团结一致，陈天华忧时感事，便决心以死来警醒国人。12月8日清晨，在东京大森海湾投海殉国，时年31岁。

《警世钟》全书约23000字，以血泪之声，深刻揭露帝国主义列强侵略中国和清朝廷卖国投降的种种罪行，风行一时，影响甚大。

"只要我全国皆兵，他就四面受敌，即有枪炮，也是寡不敌众。"起来，不愿做奴隶的人民；起来，四万万中华儿女；起来，沉睡了千年的中华雄狮！众志成城，用我们的血肉筑起新的长城！陈天华的带血呐喊，以及其用生命换来的声声警示，终于换来了国人的觉醒！

七律·长征①

红军不怕远征难②，万水千山只等闲③。
五岭④逶迤⑤腾细浪⑥，乌蒙⑦磅礴走泥丸⑧。
金沙⑨水拍云崖暖⑩，大渡桥⑪横铁索⑫寒⑬。
更喜岷山⑭千里雪，三军⑮过后尽开颜⑯。

①长征：1934年10月，中央红军主力从中央革命根据地出发作战略大转移，经过福建、江西、广东、湖南、广西、贵州、四川、云南、西藏、甘肃、陕西等十一省，击溃了敌人多次的围追和堵截，战胜了军事上、政治上和自然界的无数艰险，行军二万五千里，终于在1936年10月到达陕北革命根据地。

②难：艰难险阻。

③等闲：平常，寻常。

④五岭：大庾岭、骑田岭、都庞岭、萌渚岭、越城岭，横亘在江西、湖南、两广之间。

⑤逶迤：形容道路、山脉、河流等弯弯曲曲、连绵不断的样子。

⑥细浪：作者自释："把山比作'细浪''泥丸'，是'等闲'之意。"

⑦乌蒙：山名。乌蒙山，在贵州西部与云南东北部的交界处，北临金沙江，山势陡峭。

⑧泥丸：小泥球，整句意思是说险峻的乌蒙山在红军战士的脚下，就像是一个小泥球一样。

⑨金沙：金沙江，指长江上游自青海省玉树县至四川省宜宾市的一段，云南等地也有支流。

⑩云崖暖：是指浪花拍打悬崖峭壁，溅起阵阵雾水，在红军的眼中像是冒出的蒸汽一样。

⑪大渡桥：指四川省西部泸定县大渡河上的泸定桥。

⑫铁索：大渡河上泸定桥，它是用十三根铁索组成的桥。

⑬寒：影射敌人的冷酷与形势的严峻。

⑭岷（mín）山：中国西部大山。位于甘肃省西南、四川省北部。

⑮三军：指红军一方面军、二方面军、四方面军。

⑯尽开颜：个个都笑逐颜开。

译文

红军不怕万里长征路上的一切艰难困苦，把千山万水都看得极为平常。

绵延不断的五岭，在红军看来只不过是微波细浪在起伏，而气势雄伟的乌蒙山，在红军眼里也不过是一颗泥丸。

金沙江浊浪滔天，拍击着高耸入云的峭壁悬崖，热气腾腾。大渡河险桥横架，晃动着凌空高悬的根根铁索，寒意阵阵。

更加令人喜悦的是踏上千里积雪的岷山，红军翻越过去以后个个笑逐颜开。

解析

1934年10月，中国工农红军为粉碎国民政府的"围剿"，保存自己的实力，也为了北上抗日，挽救民族危亡，从江西瑞金出发，开始了举世闻名的长征。

这首七律是作于红军战士越过岷山后，长征即将胜利结束前不久的途中。作为红军的领导人，毛泽东经受了无数次考验，如今，曙光在前，胜利在望，他心潮澎湃，满怀豪情地写下了这首壮丽的诗篇，形象地概括了红军长征的战斗历程，热情洋溢地赞扬了中国工农红军不畏艰险、英勇顽强的革命英雄主义和革命乐观主义精神。

长征精神是一种不怕吃苦、勇往直前、人定胜天的革命乐观主义精神，是一种"泰山崩于前而色不变，麋鹿兴于左而目不瞬"的自信心态。永远在路上，永远有走不完的漫长征程，也就永远需要长征精神。学习如此，事业如此，生活生命均如此。

蚩尤的传说

铜头铁额，食沙，造五兵，仗刀戟大弩，威震天下。

——《龙鱼河图》

译文

铜做的头铁做的额，吃沙子，会制造兵器，仗着刀戟和弓弩，威震天下。

解析

蚩尤是中国神话传说中上古东方九黎族部落首领，又传为主兵之神。据说他有兄弟81人，能呼风唤雨，以金做兵器，勇敢善战，威震天下。蚩尤在战争中显示的威力，使其成为战争的同义词，被后人奉为"战神"，并加以祭祀。

据说湖南境内的三苗是蚩尤九黎族的后裔，他们原本生活在黄河中下游一带，在争夺生存空间的斗争中失利。但他们作为一个整体仍然顽强地保持着部族的凝聚力，并在新的部族首领的带领下，不畏艰辛，不避艰险，经过长达数百年的辗转迁徙，最后来到以湖南武陵为起点的西南山区，开始了新的发展阶段。这种不畏艰辛，面对恶劣的自然社会环境从不屈服的奋斗精神，也是后来作为湖湘文化源头之一的楚文化所秉持的自强不息、坚忍不拔精神风气的重要影响因素。

而今的我们，理所当然该保有并发扬这种精神。

全城百姓守城殉国

多举家自尽，城无虚井，缢木者林，累累相比。

——《宋史·忠义传》

译文

百姓们大多全家自尽，城里水井都被尸首填满，在树枝上自缢身亡的人，重重叠叠到处都是。

解析

南宋末年，元朝数万大军围攻长沙，潭州知州兼湖南安抚使李芾率全城军民死守三个月，直到弹尽粮绝。城破时，李芾全家 19 口从容自尽。在岳麓书院读书的数百学子，也与元军展开了搏杀，大部分献出了生命。长沙百姓在城破后，亦坚强不屈，誓死不为元军俘虏，都自杀身亡。

"捐躯赴国难，视死忽如归。"在民族危亡的紧要关头，在决定中国政治命运的关键时刻，湖湘先贤大义凛然，舍生取义，慷慨地谱写了一曲曲生命的壮歌。我们引以为豪，我们任重道远。

"人固有一死，或重于泰山，或轻于鸿毛。"人活着，到底为了什么？值得我们用一生的行动来加以诠释。

舆榇出关①

大丈夫身临战阵，有进无退，死到沙场，便是终考。况吾后事俱备，不犹胜于马革裹尸乎！

——《清史稿·左宗棠传》

注释

①舆（yú）榇（chèn）：载棺以随，表示决死。

译文

大丈夫身赴战场，有进无退，死在沙场才是正道，况且我的后事都已准备妥当，不还是比马革裹尸强吗？

解析

左宗棠（1812—1885），湖南湘阴人，军事家、政治家，著名湘军儒将，洋务派首领，与曾国藩、李鸿章、张之洞并称"晚清四大名臣"，洋务运动主要代表。他生性颖悟，少怀大志。光绪六年（1880），左宗棠发兵哈密，在他看来，此去一遭，恐已不能"生入玉门关"了，于是预嘱了后事，附身之物皆备，包括棺材。面对手下人的不解，左宗棠说出了以上掷地有声的话。次年四月，收复新疆战役打响，左宗棠抬棺材出征，身先士卒，冲锋陷阵，保全了中国 160 多万平方千米的领土。这次出征沉重打击了英、俄两个殖民大国的嚣张气焰，遏制了他们掠夺我国西北边疆的野心，使新疆回归祖国怀抱。难怪有人说，"天下不可一日无湖南，湖南不可一日无左宗棠"！

有志者，事竟成，破釜沉舟，百二秦关终属楚；苦心人，天不负，卧薪尝胆，三千越甲可吞吴。勇敢尚武，自强不息，凡事皆能成就。

参考文献

［1］杨伯峻. 论语译注. 北京：中华书局，1980.

［2］饶尚宽. 老子. 北京：中华书局，2006.

［3］南怀瑾. 老子他说. 上海：复旦大学出版社，2011.

［4］李安纲. 道教三经：道德经. 北京：中国社会出版社，2003.

［5］谢发平. 湖湘文化十九讲. 北京：世界图书出版广东有限公司，2012.

［6］（清）郭庆藩. 庄子集释. 北京：中华书局，1961.

［7］（汉）司马迁. 史记. 北京：中华书局，1982.

［8］（宋）朱熹. 孟子集注. 北京：中华书局，1983.

［9］杨家洛. 大戴礼记解诂夏小正经传集解. 上海：世界书局，1966.

［10］赵爽，刘徽注. 周髀算经九章算术〔影印〕. 上海：上海古籍出版社，1990.

［11］高亨. 墨经校诠. 北京：中华书局，1962.

［12］《国学四库》编委会. 黄帝内经. 长春：吉林出版集团有限责任公司，1966.

［13］（汉）张苍，等. 九章算术. 重庆：重庆大学出版社，2006.

［14］（汉）张仲景. 伤寒杂病论. 南宁：广西人民出版社，1980.

［15］（北魏）贾思勰. 齐民要术. 南京：江苏古籍出版社，2001.

［16］（明）徐光启. 农政全书. 北京：中华书局，1956.

［17］（明）李时珍. 本草纲目. 武汉：崇文书局，2016.

［18］（明）宋应星. 天工开物. 北京：人民出版社，2015.

［19］（明）徐霞客. 徐霞客游记. 北京：中华书局，2009.

［20］（北魏）郦道元. 水经注. 重庆：重庆出版社，2008.

［21］（宋）沈括. 梦溪笔谈. 长沙：岳麓书社，1998.

［22］苏民，方兴. 庄子语录. 武汉：湖北人民出版社，2002.

［23］浅谈庄子的无为. https://wenku.baidu.com/view/f52468e2b0717fd5370cdc1b.html.

附　录

一、《三字经》（节选）

　　《三字经》是中国的传统启蒙教材，因其文字通俗、顺口、易记，与《百家姓》《千字文》并称为中国传统蒙学三大读物，合称"三百千"。《三字经》是中华民族珍贵的文化遗产，它短小精悍，朗朗上口，千百年来，家喻户晓。其内容涵盖历史、天文、地理、道德以及一些民间传说，所谓"熟读《三字经》，可知千古事"。基于历史原因，《三字经》难免含有一些精神糟粕、艺术瑕疵，但其独特的思想价值和文化魅力仍然为世人所公认，被历代中国人奉为经典并不断流传。

　　《三字经》内容的排列顺序极有章法，体现了作者的教育思想。作者认为教育儿童重在礼、仪、孝、悌，要端正孩子们的思想，知识的传授则在其次，即"首孝弟（悌），次见闻"。训导儿童要先从小学入手，即先识字，然后读经、子两类典籍。经部子部书读过后，再学习史书，书中说："经子通，读诸史。"《三字经》最后强调学习的态度和目的。可以说，《三字经》既是一部儿童识字课本，同时也是作者论述启蒙教育的著作，这在阅读时须加以注意。《三字经》用典多，知识性强，是一部在儒家思想指导下编成的读物，充满积极向上的精神。

rén 人	zhī 之	chū 初，	xìng 性	běn 本	shàn 善	xìng 性	xiāng 相	jìn 近，	xí 习	xiāng 相	yuǎn 远
gǒu 苟	bú 不	jiào 教，	xìng 性	nǎi 乃	qiān 迁	jiào 教	zhī 之	dào 道，	guì 贵	yǐ 以	zhuān 专
xī 昔	mèng 孟	mǔ 母，	zé 择	lín 邻	chǔ 处	zǐ 子	bù 不	xué 学，	duàn 断	jī 机	zhù 杼
dòu 窦	yān 燕	shān 山，	yǒu 有	yì 义	fāng 方	jiāo 教	wǔ 五	zǐ 子，	míng 名	jù 俱	yáng 扬
yǎng 养	bú 不	jiào 教，	fù 父	zhī 之	guò 过	jiào 教	bù 不	yán 严，	shī 师	zhī 之	duò 惰
zǐ 子	bù 不	xué 学，	fēi 非	suǒ 所	yí 宜	yòu 幼	bù 不	xué 学，	lǎo 老	hé 何	wéi 为
yù 玉	bù 不	zhuó 琢，	bù 不	chéng 成	qì 器	rén 人	bù 不	xué 学，	bù 不	zhī 知	yì 义
wéi 为	rén 人	zǐ 子，	fāng 方	shào 少	shí 时	qīn 亲	shī 师	yǒu 友，	xí 习	lǐ 礼	yí 仪

香九龄，能温席。
融四岁，能让梨。
首孝弟，次见闻。
一而十，十而百。
三才者，天地人。
三纲者，君臣义。
曰春夏，曰秋冬。
曰南北，曰西东。
曰水火，木金土。
曰仁义，礼智信。
稻粱菽，麦黍稷。
马牛羊，鸡犬豕。
曰喜怒，曰哀惧。
匏土革，木石金。
高曾祖，父而身。
自子孙，至玄曾。
父子恩，夫妇从。
长幼序，友与朋。
此十义，人所同。
详训诂，明句读。
小学终，至四书。

孝于亲，所当执。
弟于长，宜先知。
知某数，识某文。
百而千，千而万。
三光者，日月星。
父子亲，夫妇顺。
此四时，运不穷。
此四方，应乎中。
此五行，本乎数。
此五常，不容紊。
此六谷，人所食。
此六畜，人所饲。
爱恶欲，七情具。
丝与竹，乃八音。
身而子，子而孙。
乃九族，人之伦。
兄则友，弟则恭。
君则敬，臣则忠。
凡训蒙，须讲究。
为学者，必有初。
论语者，二十篇。

群弟子，记善言。孟子者，七篇止。

讲道德，说仁义。作中庸，子思笔。

中不偏，庸不易。作大学，乃曾子。

大小戴，注礼记。述圣言，礼乐备。

曰国风，曰雅颂。号四诗，当讽咏。

诗既亡，春秋作。寓褒贬，别善恶。

三传者，有公羊。有左氏，有榖梁。

经既明，方读子。撮其要，记其事。

五子者，有荀扬。文中子，及老庄。

经子通，读诸史。考世系，知终始。

自羲农，至黄帝。号三皇，居上世。

唐有虞，号二帝。相揖逊，称盛世。

夏有禹，商有汤。周文武，称三王。

夏传子，家天下。四百载，迁夏社。

汤伐夏，国号商。六百载，至纣亡。

周武王，始诛纣。八百载，最长久。

周辙东，王纲坠。逞干戈，尚游说。

始春秋，终战国。五霸强，七雄出。

嬴秦氏，始兼并。传二世，楚汉争。

高祖兴，汉业建。至孝平，王莽篡。

光武兴，为东汉。四百年，终于献。

魏蜀吴，争汉鼎。号三国，迄两晋。

宋齐继，梁陈承。为南朝，都金陵。

北元魏，分东西。宇文周，与高齐。

迨至隋，一土宇。不再传，失统绪。

唐高祖，起义师。除隋乱，创国基。

二十传，三百载。梁灭之，国乃改。

梁唐晋，及汉周。称五代，皆有由。

炎宋兴，受周禅。十八传，南北混。

辽与金，帝号纷。迨灭辽，宋犹存。

至元兴，金绪歇。有宋世，一同灭。

并中国，兼戎狄。明太祖，久亲师。

传建文，方四祀。迁北京，永乐嗣。

迨崇祯，煤山逝。清太祖，膺景命。

靖四方，克大定。至世祖，乃大同。

十二世，清祚终。读史者，考实录。

通古今，若亲目。口而诵，心而惟。

朝于斯，夕于斯。昔仲尼，师项橐。

古圣贤，尚勤学。赵中令，读鲁论。

彼既仕，学且勤。披蒲编，削竹简。

彼无书，且知勉。头悬梁，锥刺股。

彼不教，自勤苦。如囊萤，如映雪。

如负薪，如挂角。家虽贫，学不辍。
苏老泉，二十七。身虽劳，犹苦卓。
彼既老，犹悔迟。始发愤，读书籍。
若梁灏，八十二。尔小生，宜早思。
彼既成，众称异。对大廷，魁多士。
莹八岁，能咏诗。尔小生，宜立志。
彼颖悟，人称奇。泌七岁，能赋棋。
蔡文姬，能辨琴。尔幼学，当效之。
彼女子，且聪敏。谢道韫，能咏吟。
唐刘晏，方七岁。尔男子，当自警。
彼虽幼，身已仕。举神童，作正字。
有为者，亦若是。尔幼学，勉而致。
苟不学，曷为人。犬守夜，鸡司晨。
人不学，不如物。蚕吐丝，蜂酿蜜。
上致君，下泽民。幼而学，壮而行。
光于前，裕于后。扬名声，显父母。
我教子，惟一经。人遗子，金满籯。
戒之哉，宜勉力。勤有功，戏无益。

二、《弟子规》

《弟子规》原名《训蒙文》，为清朝康熙年间秀才李毓秀所作。其内容采用《论语·学而篇》第六条"弟子入则孝，出则弟，谨而信，泛爱众，而亲仁。行有余力，则以学文"的文意，以三字一句、两句一韵编撰而成。全文共 360 句、1080 个字，分为七个部分：孝、悌、谨、信、爱众、亲仁、学文。前六项属于德育修养，后一项属于智育修养，列述弟子在家、出外、待人、接物与学习上应该恪守的原则规范，特别讲求家庭教育与生活教育的践行规范。后经清朝贾存仁修订改编，并改名为《弟子规》。

总叙 (zǒng xù)

弟(dì) 子(zǐ) 规(guī) 　圣(shèng) 人(rén) 训(xùn) 　首(shǒu) 孝(xiào) 弟(tì) 　次(cì) 谨(jǐn) 信(xìn)

泛(fàn) 爱(ài) 众(zhòng) 　而(ér) 亲(qīn) 仁(rén) 　有(yǒu) 余(yú) 力(lì) 　则(zé) 学(xué) 文(wén)

入则孝 (rù zé xiào)

父(fù) 母(mǔ) 呼(hū) 　应(yìng) 勿(wù) 缓(huǎn) 　父(fù) 母(mǔ) 命(mìng) 　行(xíng) 勿(wù) 懒(lǎn)

父(fù) 母(mǔ) 教(jiào) 　须(xū) 敬(jìng) 听(tīng) 　父(fù) 母(mǔ) 责(zé) 　须(xū) 顺(shùn) 承(chéng)

冬(dōng) 则(zé) 温(wēn) 　夏(xià) 则(zé) 清(qìng) 　晨(chén) 则(zé) 省(xǐng) 　昏(hūn) 则(zé) 定(dìng)

出(chū) 必(bì) 告(gào) 　反(fǎn) 必(bì) 面(miàn) 　居(jū) 有(yǒu) 常(cháng) 　业(yè) 无(wú) 变(biàn)

事(shì) 虽(suī) 小(xiǎo) 　勿(wù) 擅(shàn) 为(wéi) 　苟(gǒu) 擅(shàn) 为(wéi) 　子(zǐ) 道(dào) 亏(kuī)

物(wù) 虽(suī) 小(xiǎo) 　勿(wù) 私(sī) 藏(cáng) 　苟(gǒu) 私(sī) 藏(cáng) 　亲(qīn) 心(xīn) 伤(shāng)

亲(qīn) 所(suǒ) 好(hào) 　力(lì) 为(wèi) 具(jù) 　亲(qīn) 所(suǒ) 恶(wù) 　谨(jǐn) 为(wèi) 去(qù)

身(shēn) 有(yǒu) 伤(shāng) 　贻(yí) 亲(qīn) 忧(yōu) 　德(dé) 有(yǒu) 伤(shāng) 　贻(yí) 亲(qīn) 羞(xiū)

亲(qīn) 爱(ài) 我(wǒ) 　孝(xiào) 何(hé) 难(nán) 　亲(qīn) 憎(zēng) 我(wǒ) 　孝(xiào) 方(fāng) 贤(xián)

亲(qīn) 有(yǒu) 过(guò) 　谏(jiàn) 使(shǐ) 更(gēng) 　怡(yí) 吾(wú) 色(sè) 　柔(róu) 吾(wú) 声(shēng)

谏(jiàn) 不(bú) 入(rù) 　悦(yuè) 复(fù) 谏(jiàn) 　号(háo) 泣(qì) 随(suí) 　挞(tà) 无(wú) 怨(yuàn)

亲(qīn) 有(yǒu) 疾(jí) 　药(yào) 先(xiān) 尝(cháng) 　昼(zhòu) 夜(yè) 侍(shì) 　不(bù) 离(lí) 床(chuáng)

丧(sāng) 三(sān) 年(nián) 　常(cháng) 悲(bēi) 咽(yè) 　居(jū) 处(chù) 变(biàn) 　酒(jiǔ) 肉(ròu) 绝(jué)

丧尽礼 祭尽诚 事死者 如事生

出则弟

兄道友 弟道恭 兄弟睦 孝在中

财物轻 怨何生 言语忍 忿自泯

或饮食 或坐走 长者先 幼者后

长呼人 即代叫 人不在 己即到

称尊长 勿呼名 对尊长 勿见能

路遇长 疾趋揖 长无言 退恭立

骑下马 乘下车 过犹待 百步余

长者立 幼勿坐 长者坐 命乃坐

尊长前 声要低 低不闻 却非宜

进必趋 退必迟 问起对 视勿移

事诸父 如事父 事诸兄 如事兄

谨

朝起早 夜眠迟 老易至 惜此时

晨必盥 兼漱口 便溺回 辄净手

冠必正 纽必结 袜与履 俱紧切

置冠服 有定位 勿乱顿 致污秽

衣贵洁 不贵华 上循分 下称家

对饮食　勿拣择　食适可　勿过则
年方少　勿饮酒　饮酒醉　最为丑
步从容　立端正　揖深圆　拜恭敬
勿践阈　勿跛倚　勿箕踞　勿摇髀
缓揭帘　勿有声　宽转弯　勿触棱
执虚器　如执盈　入虚室　如有人
事勿忙　忙多错　勿畏难　勿轻略
斗闹场　绝勿近　邪僻事　绝勿问
将入门　问孰存　将上堂　声必扬
人问谁　对以名　吾与我　不分明
用人物　须明求　倘不问　即为偷
借人物　及时还　后有急　借不难

信 (xìn)

凡出言　信为先　诈与妄　奚可焉
话说多　不如少　惟其是　勿佞巧
奸巧语　秽污词　市井气　切戒之
见未真　勿轻言　知未的　勿轻传
事非宜　勿轻诺　苟轻诺　进退错
凡道字　重且舒　勿急疾　勿模糊

彼说长　此说短　不关己　莫闲管

见人善　即思齐　纵去远　以渐跻

见人恶　即内省　有则改　无加警

唯德学　唯才艺　不如人　当自砺

若衣服　若饮食　不如人　勿生戚

闻过怒　闻誉乐　损友来　益友却

闻誉恐　闻过欣　直谅士　渐相亲

无心非　名为错　有心非　名为恶

过能改　归于无　倘掩饰　增一辜

泛爱众

凡是人　皆须爱　天同覆　地同载

行高者　名自高　人所重　非貌高

才大者　望自大　人所服　非言大

己有能　勿自私　人所能　勿轻訾

勿谄富　勿骄贫　勿厌故　勿喜新

人不闲　勿事搅　人不安　勿话扰

人有短　切莫揭　人有私　切莫说

道人善　即是善　人知之　愈思勉

扬人恶　即是恶　疾之甚　祸且作

善相劝 德皆建 过不规 道两亏
凡取与 贵分晓 与宜多 取宜少
将加人 先问己 己不欲 即速已
恩欲报 怨欲忘 抱怨短 报恩长
待婢仆 身贵端 虽贵端 慈而宽
势服人 心不然 理服人 方无言

亲仁

同是人 类不齐 流俗众 仁者希
果仁者 人多畏 言不讳 色不媚
能亲仁 无限好 德日进 过日少
不亲仁 无限害 小人进 百事坏

余力学文

不力行 但学文 长浮华 成何人
但力行 不学文 任己见 昧理真
读书法 有三到 心眼口 信皆要
方读此 勿慕彼 此未终 彼勿起
宽为限 紧用功 工夫到 滞塞通
心有疑 随札记 就人问 求确义
房室清 墙壁净 几案洁 笔砚正

墨磨偏，心不端，字不敬，心先病。
列典籍，有定处，读看毕，还原处。
虽有急，卷束齐，有缺坏，就补之。
非圣书，屏勿视，敝聪明，坏心志。
勿自暴，勿自弃，圣与贤，可驯致。

三、《千字文》

《千字文》是我国传统蒙学三大读物之一，由南北朝时期梁朝散骑侍郎、给事中周兴嗣编纂，是由一千个汉字组成的韵文（在隋唐之前，不押韵、不对仗的文字，称为"笔"，而非"文"）。梁武帝（502—549）命人从王羲之书法作品中选取1000个不重复汉字，命员外散骑侍郎周兴嗣编纂成文。全文为四字句，对仗工整，条理清晰，文采斐然。《千字文》语句平白如话，易诵易记，并译有英文版、法文版、拉丁文版、意大利文版，是中国影响很大的儿童启蒙读物。

天地玄黄，宇宙洪荒。
日月盈昃，辰宿列张。
寒来暑往，秋收冬藏。
闰余成岁，律吕调阳。
云腾致雨，露结为霜。
金生丽水，玉出昆冈。
剑号巨阙，珠称夜光。
果珍李奈，菜重芥姜。
海咸河淡，鳞潜羽翔。

龙师火帝，鸟官人皇。
始制文字，乃服衣裳。
推位让国，有虞陶唐。
吊民伐罪，周发殷汤。
坐朝问道，垂拱平章。
爱育黎首，臣伏戎羌。
遐迩一体，率宾归王。
鸣凤在竹，白驹食场。
化被草木，赖及万方。
盖此身发，四大五常。
恭惟鞠养，岂敢毁伤。
女慕贞洁，男效才良。
知过必改，得能莫忘。
罔谈彼短，靡恃己长。
信使可覆，器欲难量。
墨悲丝染，诗赞羔羊。
景行维贤，克念作圣。
德建名立，形端表正。
空谷传声，虚堂习听

祸因恶积，福缘善庆。
尺璧非宝，寸阴是竞。
资父事君，曰严与敬。
孝当竭力，忠则尽命。
临深履薄，夙兴温凊。
似兰斯馨，如松之盛。
川流不息，渊澄取映。
容止若思，言辞安定。
笃初诚美，慎终宜令。
荣业所基，籍甚无竟。
学优登仕，摄职从政。
存以甘棠，去而益咏。
乐殊贵贱，礼别尊卑。
上和下睦，夫唱妇随。
外受傅训，入奉母仪。
诸姑伯叔，犹子比儿。
孔怀兄弟，同气连枝。
交友投分，切磨箴规。
仁慈隐恻，造次弗离。

节义廉退，颠沛匪亏

性静情逸，心动神疲

守真志满，逐物意移

坚持雅操，好爵自縻

都邑华夏，东西二京

背邙面洛，浮渭据泾

宫殿盘郁，楼观飞惊

图写禽兽，画彩仙灵

丙舍旁启，甲帐对楹

肆筵设席，鼓瑟吹笙

升阶纳陛，弁转疑星

右通广内，左达承明

既集坟典，亦聚群英

杜稿钟隶，漆书壁经

府罗将相，路侠槐卿

户封八县，家给千兵

高冠陪辇，驱毂振缨

世禄侈富，车驾肥轻

策功茂实，勒碑刻铭

磻溪伊尹，佐时阿衡
奄宅曲阜，微旦孰营
桓公匡合，济弱扶倾
绮回汉惠，说感武丁
俊乂密勿，多士寔宁
晋楚更霸，赵魏困横
假途灭虢，践土会盟
何遵约法，韩弊烦刑
起翦颇牧，用军最精
宣威沙漠，驰誉丹青
九州禹迹，百郡秦并
岳宗泰岱，禅主云亭
雁门紫塞，鸡田赤诚
昆池碣石，巨野洞庭
旷远绵邈，岩岫杳冥
治本于农，务兹稼穑
俶载南亩，我艺黍稷
税熟贡新，劝赏黜陟
孟轲敦素，史鱼秉直

shù 庶	jī 几	zhōng 中	yōng 庸，	láo 劳	qiān 谦	jǐn 谨	chì 敕
líng 聆	yīn 音	chá 察	lǐ 理，	jiàn 鉴	mào 貌	biàn 辨	sè 色
yí 贻	jué 厥	jiā 嘉	yóu 猷，	miǎn 勉	qí 其	zhī 祗	zhí 植
xǐng 省	gōng 躬	jī 讥	jiè 诫，	chǒng 宠	zēng 增	kàng 抗	jí 极
dài 殆	rǔ 辱	jìn 近	chǐ 耻，	lín 林	gāo 皋	xìng 幸	jí 即
liǎng 两	shū 疏	jiàn 见	jī 机，	jiě 解	zǔ 组	shéi 谁	bī 逼
suǒ 索	jū 居	xián 闲	chù 处，	chén 沉	mò 默	jì 寂	liáo 寥
qiú 求	gǔ 古	xún 寻	lùn 论，	sàn 散	lù 虑	xiāo 逍	yáo 遥
xīn 欣	zòu 奏	lèi 累	qiǎn 遣，	qī 戚	xiè 谢	huān 欢	zhāo 招
qú 渠	hé 荷	dì 的	lì 历，	yuán 园	mǎng 莽	chōu 抽	tiáo 条
pí 枇	pá 杷	wǎn 晚	cuì 翠，	wú 梧	tóng 桐	zǎo 蚤	diāo 凋
chén 陈	gēn 根	wěi 委	yì 翳，	luò 落	yè 叶	piāo 飘	yáo 摇
yóu 游	kūn 鹍	dú 独	yùn 运，	líng 凌	mó 摩	jiàng 绛	xiāo 霄
dān 耽	dú 读	wán 玩	shì 市，	yù 寓	mù 目	náng 囊	xiāng 箱
yì 易	yóu 輶	yōu 攸	wèi 畏，	zhǔ 属	ěr 耳	yuán 垣	qiáng 墙
jù 具	shàn 膳	cān 餐	fàn 饭，	shì 适	kǒu 口	chōng 充	cháng 肠
bǎo 饱	yù 饫	pēng 烹	zǎi 宰，	jī 饥	yàn 厌	zāo 糟	kāng 糠
qīn 亲	qī 戚	gù 故	jiù 旧，	lǎo 老	shào 少	yì 异	liáng 粮
qiè 妾	yù 御	jì 绩	fǎng 纺，	shì 侍	jīn 巾	wéi 帷	fáng 房

纨扇圆洁，银烛炜煌

昼眠夕寐，蓝笋象床

弦歌酒宴，接杯举觞

矫手顿足，悦豫且康

嫡后嗣续，祭祀烝尝

稽颡再拜，悚惧恐惶

笺牒简要，顾答审详

骸垢想浴，执热愿凉

驴骡犊特，骇跃超骧

诛斩贼盗，捕获叛亡

布射僚丸，嵇琴阮啸

恬笔伦纸，钧巧任钓

释纷利俗，并皆佳妙

毛施淑姿，工颦妍笑

年矢每催，曦晖朗曜

璇玑悬斡，晦魄环照

指薪修祜，永绥吉劭

矩步引领，俯仰廊庙

束带矜庄，徘徊瞻眺

孤 陋 寡 闻，愚 蒙 等 诮
谓 语 助 者，焉 哉 乎 也

四、《笠翁对韵》选篇

一 东

天对地，雨对风。大陆对长空。山花对海树，赤日对苍穹。雷隐隐，雾蒙蒙。日下对天中。风高秋月白，雨霁晚霞红。牛女二星河左右，参商两曜斗西东。十月塞边，飒飒寒霜惊戍旅；三冬江上，漫漫朔雪冷渔翁。

河对汉，绿对红。雨伯对雷公。烟楼对雪洞，月殿对天宫。云叆叇，日曈朦。腊屐对渔蓬。过天星似箭，吐魂月如弓。驿旅客逢梅子雨，池亭人抱荷花风。茅店村前，皓月坠林鸡唱韵；板桥路上，青霜锁道马行踪。

山对海，华对嵩。四岳对三公。宫花对禁柳，塞雁对江龙。清暑殿，广寒宫。拾翠对题红。庄周梦化蝶，吕望兆飞熊。北牖当风停夏扇，南帘曝日省冬烘。鹤舞楼头，玉笛弄残仙子月；凤翔台上，紫箫吹断美人风。

三　江

奇对偶，只对双。大海对长江。金盘对玉盏，宝烛对银釭。朱漆槛，碧纱窗。舞调对歌腔。汉兴推马武，夏谏著龙逄。四收列国群王服，三筑高城众敌降。跨凤登台，潇洒仙姬秦弄玉；斩蛇当道，英雄天子汉刘邦。

颜对貌，像对庞。步辇对徒杠。停针对搁竺，意懒对心降。灯闪闪，月幢幢。揽辔对飞艎。柳堤驰骏马，花院吠村尨。酒量微熏琼杏颊，香尘没印玉莲双。诗写丹枫，韩夫幽怀流节水；泪弹斑竹，舜妃遗憾积湘江。

四　支

泉对石，干对枝。吹竹对弹丝。山亭对水榭，鹦鹉对鹧鸪。五色笔，十香词。泼墨对传卮。神奇韩干画，雄浑李陵诗。几处花街新夺锦，有人香径淡凝脂。万里烽烟，战士边头争宝塞；一犁膏雨，农夫村外尽乘时。

俎对醢，赋对诗。点漆对描脂。瑶簪对珠履，剑客对琴师。沽酒价，买山资。国色对仙姿。晚霞明似锦，春雨细如丝。柳绊长堤千万树，花横野寺两三枝。紫盖黄旗，天象预占江左地；青袍白马，童谣终应寿阳儿。

箴对赞，缶对卮。萤炤对蚕丝。轻裾对长袖，瑞草对灵芝。流涕策，断肠诗。喉舌对腰肢。云中熊虎将，天上凤凰儿。禹庙千年垂桔柚，尧阶三尺覆茅茨。湘竹含烟，腰下轻纱笼玳瑁；海棠经雨，脸边清泪湿胭脂。

争对让，望对思。野葛对山栀。仙风对道骨，天造对人为。专诸剑，博浪椎。经纬对干支。位尊民物主，德重帝王师。望切不妨人去远，心忙无奈马行迟。金屋闭来，赋乞茂林题柱笔；玉楼成后，记须昌谷负囊词。

五　微

贤对圣，是对非。觉奥对参微。鱼书对雁字，草舍对柴扉。鸡晓唱，雉朝飞。红瘦对绿肥。举杯邀月饮，骑马踏花归。黄盖能成赤壁捷，陈平善解白登危。太白书堂，瀑泉垂地三千尺；孔明祀庙，老柏参天四十围。

戈对甲，幄对帏。荡荡对巍巍。严滩对邵圃，靖菊对夷薇。占鸿渐，采凤飞。虎榜对龙旗。心中罗锦绣，口内吐珠玑。宽宏豁达高皇量，叱咤暗哑霸主威。灭项兴刘，狡兔尽时走狗死；连吴拒魏，貔貅屯处卧龙归。

衰对盛，密对稀。祭服对朝衣。鸡窗对雁塔，秋榜对春闱。乌衣巷，燕子矶。久别对初归。天姿真窈窕，圣德实光辉。蟠桃紫阙来金母，岭荔红尘进玉妃。霸主军营，亚父丹心撞玉斗；长安酒市，谪仙狂兴换银龟。

后　记

　　国学经典是中国传统文化的精髓，它蕴藏着中华民族最深厚的精神追求，反映了中华民族的突出优势和最强大的文化软实力，习总书记对此有过一系列的重要论述。教育部《完善中华优秀传统文化教育指导纲要》要求各级各类学校要全面开展中华优秀传统文化教育，开发相关教材与教学资源。为了顺应时代要求，湖南大学出版社组织湖南省师范院校的老师编写了《国学经典》，旨在传承中华优秀传统文化，建立民族文化自信，提高师范生的思想品质与文化素养。

　　本书的编写遵循教育性、知识性、师范性、科学性、创新性等基本原则。上册以"孝悌、忠信、礼义、廉耻"为基本章节，下册以"致知、遵道、缘法、湘学"为基本章节。教材精选国学经典相关的名句名篇进行系统编排，每章两节，每节按照"原典摘编、原典精读、说事明理"的架构进行内容编排。编写者还配套开发了二维码"学教互通"幼教、小教教学资源。在有限的篇幅内，编写者试图在广度上能较系统地反映中华国学的基本内容，在深度与专业化上符合目前师范生的学习基础与专业特点，适当对原典进行注解，图文并茂地呈现国学原典与实践传承等内容。由此，让以幼教、小教师范类专业学生为主体的教材使用对象群初步地较系统地学习国学经典，理解国学经典具有现实意义与价值的精神内涵，滋养其德行与智性，使其能学以致用，使其能自觉地在今后的职业与生活中传承中华优秀传统文化，实践中华优秀传统文化精神。

　　在本书的编写过程中，我们参考了许多专家、学者的著作，直接或间接引用了许多学者、专家的学术观点与资料，在此深表谢意。所收资料庞杂，有的内容一时难以注明作者和出处，敬请谅解。编写前，湖南大学出版社召集全体编写人员及专家学者进行了专题研讨，在熊志庭等专家的指导下，与会编写人员充分展开探讨。在此基础上，本册教材的主编湘中幼儿高等专科学校曹才力与株洲师范高等专科学校颜旭协商，确定了本教材的整体框架与编写理念，湘中幼儿师范高等专科学校刘志宏、黄敦明，永州师范高等专科学校贺红山，娄底幼儿师范高等专科学校周本海等具体组织实施。

　　参与本书编写的同志都是长期工作在师范教育一线，具有丰富经验的教育工作者，他们承担的编写任务为：第六章第一节林颖（长沙师范高等专科学校），第六章第二节张学锋（长沙师范高等专科学校），第七章第一节王辉平（株洲师范高等专科学校），

第七章第二节黄靖（株洲师范高等专科学校），第八章第一节邓碧雪（湘中幼儿师范高等专科学校），第八章第二节李雪容（湘中幼儿师范高等专科学校），第九章第一节周本海（娄底幼儿师范高等专科学校），第九章第二节曾水莲（娄底幼儿高等专科师范学校），附录黄敦明（湘中幼儿师范高等专科学校）。书稿完成后，由曹才力、颜旭、汪华明、刘志宏、黄敦明统稿与校对。

限于编者的学识水平，教材中难免会出现纰漏和不足，恳请专家学者提出宝贵意见，以便在教材再版时不断完善。

主　编

2022 年 5 月